GLOSARIO DE TALISMANES RÚNICOS

Juan Marcos Romero Fiorini

Glosario de Talismanes Rúnicos

Orden Rúnica Latinoamericana

EDITORIAL AUTORES DE ARGENTINA

De un grupo de estudio a una Orden...

Este grupo fue formado con el fin de disipar dudas que quedarán en el tintero después de las clases y mantener así las prácticas de manera continua. Con el tiempo se tornó un lugar de encuentro, un espacio para compartir destinado a esta pasión en común, "las Runas". Luego, más precisamente a fines del 2013, aquel grupo pequeño ya era bastante mayor y exigía un nombre, el cual se le dio casi de manera inconsciente, se buscaba que trasmitiera el cariño por este arte y el respeto a estos pueblos, pero a su vez y por otra parte, que nuestra identidad como pueblos latinos no quedara de lado, así fue como nació: "Orden Runistas del Sur".

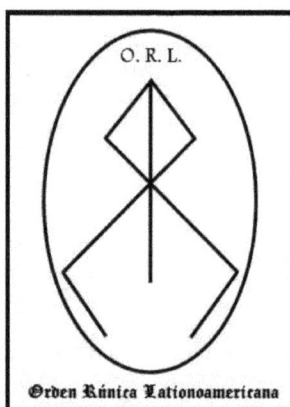

En el 2016 el crecimiento de la Orden fue tan grande en *Latinoamérica,* que se llamó a votar a sus miembros para darle un cambio en el nombre, hacia uno que fuera más unificador y así fue como se convirtió en lo que hoy es la Orden Rúnica Latinoamericana (O.R.L.). Esta Orden tiene como función práctica, facilitar y acercar a sus miembros la mayor información posible en cuanto a materiales o herramientas para una mayor comprensión del mundo Rúnico.

En el aspecto social, si bien la Orden es conocida por muchos como *Runistas de Latinoamérica,* sus puertas permanecen cerradas, esto se debe a que siempre se buscó un crecimiento cíclico, sin estar abiertos, ya que el interés está puesto en compartir entre sus miembros, permitiendo el ingreso solo a los Runistas iniciados por la misma Orden. En **éste** último aspecto se elige ser estrictos y selectivos para que no ingresen practicantes que puedan hacer un mal uso de estos conocimientos, es decir, condicionar la vida de otros o dañar a otros, al igual que al mantener la selección se mantiene el prestigio y de esta forma es una manera de, a su vez, brindar respaldo a todos y cada uno de sus miembros.

En el nombre se agrega la palabra "Latinoamérica" para dejar clara su identidad, ya que no somos Europeos estudiando Runas a la Europea, si bien hay un profundo respeto por su origen, su cultura, sus divinidades y filosofía, somos latinoamericanos y estamos conectados con la tierra que tenemos bajo nuestros pies, por ende el hecho de marcar esto en el nombre, se está declarando que estudiamos las Runas como medio para comprender nuestra tierra, conectar con este rostro de la Madre Naturaleza, respetando también a los pueblos antiguos de este continente, sus tradiciones, costumbres, ritos y celebraciones.

La única regla fundamental que pide a sus miembros la Orden para funcionar en armonía, es el "respeto"… Respeto a las Runas, al conocimiento brindado y fundamentalmente entre los miembros, ya que de esta manera se mantiene la unión, se preserva el disfrute y se comparte de mejor manera este hermoso movimiento que se ha gestado.

"Cuando se siembra respeto por la labor y los demás, se cosecha el dialogo sincero y amistoso".

JUAN MARCOS ROMERO FIORINI

Indice

Introducción

La magia de los Talismanes

Cuando hacemos una lectura y tenemos nuestras runas ubicadas sobre el paño, no las interpretamos de manera aislada sino como un conjunto de energías que están entrelazadas, de hecho suele parecernos que las runas se hablan entre sí.

Esto se da en la magia oracular ya que deriva de la magia Gandrar, es decir, en ese momento cuando la lectura está formada sobre el paño lo que tenemos frente a nosotros es un "talismán temporal" formado por las runas presentes en sus respectivos lugares y todas actúan en mayor o menor medida sobre la vida del consultante.

Por esta razón la creación de un talismán no debe ser tomado a la ligera, desde qué energías vamos a utilizar en nuestro talismán hasta el soporte que usaremos, todo es importante porque vamos a crear un eje vital de una determinada clase de energía y así como en una lectura debemos tener cierto tacto a la hora de trasmitir los mensajes con las palabras adecuadas, con los talismanes pasa lo mismo, necesitamos ser conscientes de lo que vamos a hacer.

A continuación se presenta una guía práctica de cómo saber qué clase de runas utilizar para nuestro propósito, la confección, elección de nombre, los distintos soportes, consagrarlos, cargarlos, bautizarlos y algunos pequeños consejos a tener en cuenta en este proceso.

Propósito

El propósito del talismán que deseamos crear debe ser claro y directo, ser sinceros con nosotros mismos a la hora de reconocer qué es lo que necesitamos de él, ya que cuanto más claro tengamos este propósito, más fácil será diseñarlo, crearlo y consagrarlo, al igual que más rápidos y claros se verán sus resultados. Esta claridad se logra reconociendo lo más claramente posible, cual es la verdadera necesidad que se tiene o visualizando lo más posible el sueño que se desea alcanzar, ya que cuanto más reconocemos los "porque crearlo" más fuerte será nuestra intención y nuestra voluntad a la hora de darle vida. Es importante destacar también que no estamos creando algo que soluciona problemas, sino que atrae un tipo de energía en particular.

Muchas veces escribimos el propósito en un papel para tenerlo presente durante el proceso de creación y se le da un rol en la consagración del talismán que más adelante explicaremos.

En este aspecto se recomienda reflexionar ya que si el propósito no es fuerte los resultados de nuestro talismán serán endebles o quizás no los deseados.

"Cuanta más claridad lleve nuestra
intención, mayores serán los resultados"

El Nombre

Resulta muy apropiado darle un nombre al talismán, ya que es darle identidad al mismo. A lo largo de la historia del mundo

JUAN MARCOS ROMERO FIORINI

esotérico podemos ver, no solo la trascendencia de brujos y brujas que marcan un antes y un después, sino también la de los amuletos y talismanes que utilizaban.

Un ejemplo de ello es la espada del rey Arturo, *Excálibur*, una poderosa arma-talismán consagrada a unificar las creencias en pos del ideal de Nación.

Recordemos que la espada representa el poder de la palabra y la sabiduría, "Mholnyr" el martillo de Thor, es capaz de controlar los rayos. Estos y muchos otros talismanes poseen un nombre que les otorga una identidad igual de poderosa y en ocasiones mayor que la de quien los ha creado.

Es importante que dicho nombre sea acorde al propósito que va a tener el amuleto o talismán. Debemos tomarnos el tiempo necesario, así como le damos el nombre a un hijo y este lo portara durante toda su vida, el talismán también recibirá una carga energética que le dará una vitalidad etérica anclada al objeto, por ende el nombre no es algo que deba ser tomado a la ligera.

Forma: Bindrune

Si bien existen varias maneras de crear talismanes, en esta ocasión hablaremos solamente de las Bindrune, debido a que son las más usadas desde la época medieval hasta la actualidad, y nos permiten una infinidad de posibilidades tanto desde la parte creativa como de la funcional. A continuación iremos desarrollando cada punto a tener en cuenta.

Parte teórica:

Las Bindrune son el arte de enlazar o atar las runas de manera armónica.

Es decir, no se está creando un simbolismo nuevo sino que se está creando un diseño armónico de como unir los stafr (Runas) que se necesitan para cumplir con la función que estamos buscando para nuestro talismán. Estamos uniendo las energías de las Runas para que actúen de manera fusionada y como eje energético para un determinado propósito.

Parte práctica: (Eje o Raíz).

Una Bindrune nace de la unión de Runas (2 o más) y si bien al observar distintos modelos parecen a primera vista complejos, en realidad son simples. Si observamos con atención siempre se parte de un stafr (Runa) en particular que se elige como centro, es el eje de nuestra Bindrune, el cual debe proporcionarle fluidez, estabilidad y armonía a esta. Por esta razón los más usados son las Runas: Isa, Gebo, Ehiwaz en sus distintas versiones de los distintos Futhark, entre otras.

Parte práctica: (elección de Runas).

Una vez que ya hemos elegido cual será nuestro stafr (Runa) raíz, pasaremos a revisar que runas compondrán nuestra Bindrune, si bien probablemente ya sabemos que Runas queremos debido al propósito que estamos buscando, es importante repasar que Runas puntualmente serán las que estarán actuando a futuro en el talismán.

Esto se suele hacer porque puede que al revisar el propósito buscado, veamos que alguna Runa no nos termina de convencer o no sabemos muy bien cómo será su resultado. Es fundamental resolverlo ya que debemos estar seguros de lo que hacemos, conformes y con confianza.

En este aspecto es importante que el practicante tenga el mayor conocimiento, comprensión y práctica con dichas runas para asegurar el buen funcionamiento de las energías en nuestro talismán.

Parte armónica:

Al crear una Bindrune la armonía pasa a primer plano y es importante poner toda nuestra parte creativa en este aspecto del proceso.

Al tener las Runas que serán parte de nuestra Bindrune, tanto la Runa raíz como las que la conformaran en un todo, es momento de darle forma. En este punto debemos saber que podemos usar cualquiera de las maneras conocidas para dibujar cada Runa, es decir, no necesariamente tenemos que usar el Futhark Nórdico Antiguo, ya que si sentimos que en este caso es necesario grabar una Runa como se la presenta en otro sistema Futhark, es válido y muy visto en distintas Bindrune.

Lo que se está buscando es una armonía entre energía, simbolismo, simetría y arte. Por esto último, en el caso de las Bindrune no es importante cómo se las presenta a cada Runa, sino el cometido energético que cumplen dentro de la unión que estamos creando. Cuando vamos dándole forma a nuestro diseño no debe importarnos si una Runa nos queda invertida, como también suele presentarse en espejo alguna de ellas, al igual que podemos repetirlas para encontrar la sincronía que deseamos, siempre buscando la armonía para nuestro talismán y recordando que así como cada Runa por separado posee un cuerpo (signo), alma (secreto) y espíritu (sonido), la Bindrune que estamos creando también posee estas cualidades.

De hecho, es la unión de las Runas que hemos elegido sumado al propósito que le estamos dando.

Parte numérica:

En este aspecto mucho se ha hablado y poco realmente es cierto.

Es muy difícil y poco verídico darle números a las Runas, de hecho, desde antaño se le dio un valor fonético y no numérico. Debemos reconocer que grandes interpretaciones se han hecho hoy en día al mezclar la numerología con el Futhark, al igual que en el siglo XIX se combinaron distintos sistemas numéricos al sistema Futhark para utilizarlo de manera ocultista para mensajes cifrados. Lo más recomendable en este aspecto es que si se quiere agregar o sumarle a una Bindrune una importancia esotérica numérica, lo más apropiado es volver a la fuente y recordar qué importancia esotérica representaba cada número para estos pueblos.

Por ejemplo es común reconocer que el número 3 era sagrado, el cual representa el concepto de la trinidad, si así lo deseamos podemos tener en cuenta esta asociación numérica para la cantidad de repeticiones de una Runa en nuestro talismán.

El Soporte

A la hora de buscar el soporte es importante tener en cuenta algunos aspectos como la función o propósito que tendrá el talismán, ya que si estoy buscando crear un talismán de solidez es importante que el soporte tenga una cualidad de firmeza igual a la que estoy buscando, en nuestra elección es importante saber qué propiedad esotérica tiene ese elemento que vamos a usar, ya que si deseo crear un talismán de protección hay por ejemplo determinados árboles que son protectores y pueden brindarme tal madera. Por último en este aspecto otra cosa a tener en cuenta es el tiempo de vida del amuleto o talismán, es decir, si deseo crear un talismán que me acompañe toda la vida el material debe ser de una nobleza importante a diferencia de si estoy creando uno que será situacional, es decir, para enfrentar una situación determinada de mi presente.

Las opciones a la hora de elegir son amplias, podemos tomar opciones naturales como madera, piedra, plumas, huesos, minerales, arcilla, cerámica, etc. Como también podemos usar materiales trabajados por el hombre como telas, metales, masillas, papel, etc. Claro que estos últimos puede que carezcan de propiedades esotéricas, por esta razón son los menos elegidos.

Maderas:

En general todos los árboles tienen propiedades esotéricas. Si se busca en las tribus autóctonas podemos encontrar su significado, y esto es importante aclararlo porque normalmente y de manera inconsciente se toman como únicos posibles a los que nos brindan los escritos europeos.

Pero no por esto debemos dejar de lado a la naturaleza que cada uno tiene bajo sus pies, que es exactamente igual de rica en sabiduría porque naturaleza hay una sola, simplemente no la hemos recordado con tanta dedicación como lo hicieron los pueblos antiguos.

Antes de comenzar con los distintos tipos de maderas es importante aclarar que las maderas petrificadas no son las más recomendables para fabricar Runas, pero sí todo tipo de amuletos, talismanes, herramientas mágicas, etc. Ya que por más que estén petrificadas poseen las cualidades esotéricas del árbol, lo mismo pasa con las semillas las cuales también tienen las mismas propiedades que el árbol solo que en este caso poseen la carga simbólica de la fertilidad y la generación, estando así bendecidas por el dios Ing.

Madera de Espino (blanco y familia) y Acacia: está asociado a las runas Thurizas y Hagalaz, principalmente por ser Runas asociadas a los Gigantes y la supervivencia. En este último aspecto este árbol destaca por su fortaleza, grandeza en tamaño y por sus espinas más que nada que son su defensa-ofensiva, es decir, no solo es una gran coraza, sino que además hiere a quien se atreva a escalarlo, con lo cual es un gran icono de fortaleza usado en rituales por los brujos y también asociado en la cultura antigua con la muerte, se decía que tener una rama dentro de la casa atraía la mala suerte.

Madera de Acebo: Asociada a la Runa Tiwaz y por supuesto a la divinidad que está asociada que es Tiw o Tyr, este dios porta "la vara del justo" con la cual imparte justicia en las batallas y las luchas.

Esta poderosa vara que le fue otorgada es de madera de acebo, con lo cual nos trasmite la fuerte conexión de este árbol con lo justo, el balance natural y cíclico.

Madera de Serbal y Aliso: Asociados a la Runa Feho y muy utilizado en los rituales del nuevo fuego. Esta relación se da ya que la época del nuevo fuego es también la de la cosecha y celebración de la Diosa.

Por esta razón estas maderas están asociadas a la prosperidad.

Madera de Almendro y Avellano: Asociados a la Runa Kenaz el poder del conocimiento, la claridad mental y del pensamiento, usados para disipar bloqueos mentales, también asociados al dios Heimdhál.

Madera de Palo Santo: Asociada a la purificación del espíritu, la armonización, se la quema para ahuyentar espíritus negativos y malas energías de un espacio, otorga una potente conexión con el plano sutil y es un gran liberador del alma.

Permite los viajes astrales y está poderosamente vinculado con la "Gran Madre" dadora de vida y el chamanismo latinoamericano, desde antes que los colonizadores lo tomen como propio y cambiándole su nombre y santificándolo...

Madera de Fresno y Cedro: las presentamos juntas ya que el cedro en esoterismo es utilizado como sustituto del fresno por sus características similares y es la elegida para la fabricación de Runas. Asociado a Yggdrasil, el Árbol que conecta y sostiene los nueve mundos nórdicos. Es también consagrado a Odín y el más buscado para fabricar Runas, talismanes y herramientas mágicas.

Madera de Tejo, Ciprés y Pino: el ciprés de la familia de los pinos, se lo presenta junto al tejo ya que simbólicamente son iguales y en esoterismo el ciprés es su sustituto. Asociada a la runa Eihwaz, para muchos pueblos el tejo era también una representación de Yggdrasil por su fuerte conexión con los otros planos. Es un árbol asociado a la muerte y normalmente se los plantaba en los cementerios para que las almas de los muertos fueran guiadas por su camino al más allá. Por esta potente conexión con el plano sutil se lo ha buscado mucho a la hora de fabricar amuletos y talismanes, ya que es un árbol cuyas propiedades son cercanas al Fresno.

Madera de Haya: este es otro de los grandes árboles elegido más que nada para la escritura mágica, el grabado o tallado de talismanes. Posee una gran carga esotérica y fue el más usado para fabricar juegos de Runas antes incluso que el roble, ambos comparten una gran dureza y potente carga mágica.

Madera de Abedul: consagrada al culto de la Diosa, particularmente Frigg y Freyja, este árbol es el símbolo de la llegada de la luz en el ciclo natural del año. Como ya hemos mencionado la Runa que la representa es Berkano, la Diosa madre, este árbol tiene una especial potencia para ahuyentar las malas energías y los malos espíritus, marca el renacer y elegido a la hora de hacer las protecciones a un recién nacido. También éste tiene una fuerte conexión con la muerte, no olvidemos que la mitad de los héroes caídos en batalla les corresponden a Freyja y la otra mitad a Odin. Con esto nos muestra que así como la oscuridad se va para que entre la luz, de invierno a primavera, también para que algo nazca, antes algo debe haber muerto. Por esta razón es muy buscada en cuanto a renacer y nuevos ciclos, ya que bendice dichos caminos.

Madera de Olmo: Así como los dioses crean al primer hombre de un árbol de fresno, la primera mujer es creada de un árbol de olmo, por esta razón es el árbol más importante y poderosamente femenino, consagrada a la divinidad femenina que reside en cada mujer a flor de piel. Si bien árboles como el manzano o el sauce son también poderosas representaciones de la divinidad femenina y su energía, para estas culturas la más importante era el olmo.

Madera de Manzano: Conectado con la Runa Perthro y a la divinidad femenina por sobre todo y en casi todas las culturas, este árbol está relacionado al poder esotérico femenino y sagrado, a los secretos y misterios de lo femenino. Las manzanas eran consideradas dadoras de vida, sabiduría y conocimiento. En este punto es importante aclarar, para disipar dudas, que el catolicismo como representante del imperialismo en la esfera de la fe, necesitaba para imponerse. Quitar a la mujer de su papel y estatus social: un pueblo que no piensa y no es sabio es fácil de dominar. Por estas razones fueron defenestradas la imagen de este árbol y la divinidad femenina en todos sus aspectos.

También se colocaban manzanas al enterrar a un ser querido

para que tenga un buen viaje a la otra vida y despierte en una nueva.

Madera de Saúco: Consagrado a la Diosa Hel, la diosa del infierno nórdico, es también asociado a las brujas, este quizás sea el árbol al que más temor se le ha tenido en el Medioevo, ya que está asociado a la muerte, el mundo del infierno y el olvido. Cortar tan solo una rama de este árbol requería un ritual específico para evitar ser ajusticiado por la diosa.

Sin embargo, hay que destacar que este árbol fue usado en el campo mágico con fines curativos y narcóticos. También es un árbol muy buscado por brujas y brujos para fabricar sus escobas ya que esta madera le brinda una excelente carga energética para sus funciones. Por ser consagrado a Hel ha sido un árbol muy utilizando por la magia negra.

Madera de Sauce: Otro árbol poderosamente femenino, consagrado a la Diosa Freyja, como Diosa Blanca de la magia, también es un árbol asociado a las brujas y a la luna. Se dice que cuando las ramas del sauce llegan casi al suelo se forma un portal sutil entre el mundo mágico y mortal. Es un árbol sagrado que posee grandes poderes curativos y un fuerte vínculo con la luna y toda la bóveda celeste, por esto es asociado a la runa Ansuz ya que aporta calma emocional y mental. Es elegido para crear varitas y también silbatos para llamar a los vientos y la clarividencia.

Madera de Roble: El árbol consagrado a Thor y considerado por los celtas como el árbol rey. Este es un poderoso árbol símbolo de fortaleza, fuerza, trascendencia y poder. Es elegido a la hora de fabricar talismanes que perduren toda la vida y a través del tiempo. Al ser el árbol que atrae al rayo posee una gran carga mágica y es excelente para fabricar juegos de Runas al igual que la madera de fresno o haya.

Muérdago: Es el corazón del roble, por ende es el poder mágico concentrado. Está asociado al final del ciclo por su papel en la muerte del dios Baldr. Recordemos cuando el dios solar hijo muere a manos de una rama de muérdago y vuelve a la gran madre tierra.

El ser parte principal y fundamental en el ciclo natural lo vuelve sagrado y sumado a que es el corazón mágico del árbol representativo del poder, hacen del muérdago el más buscado por el mundo esotérico y reconocido como el portador del poder mágico cíclico.

Puerro: Asociado a la runa Laguz y consagrado a su magia lunar, abundante y emocional. Es conocido como dador de la buena fortuna a quien lo porte y esotéricamente brinda prosperidad, estabilidad, tranquilidad terrenal y vigor.

Huesos (de animales):

El hombre moderno, el de la lógica, consideró a los animales como seres inferiores, pero el hombre antiguo, más onírico, supo ver que son los animales los que verdaderamente acompañan los ciclos naturales, siendo los maestros en el mundo natural evolutivo. De allí nacen los animales tótem o animales de poder, es por esta razón que los pueblos antiguos portaban distintas partes de animales como pieles, pezuñas o huesos, para simbólicamente invocar las cualidades de este animal y potenciarlas en el portador. En el caso de los huesos es la parte sólida y energéticamente más potente del animal después de haber muerto. Eran muy comunes en juegos de Runas, herramientas mágicas y talismanes, dándole al elemento las cualidades esotéricas del animal al que pertenecían.

Piedra:

Normalmente, algunos de los practicantes modernos dejan un poco de lado a la piedra, ya que los minerales suelen ser de un atractivo mayor. La piedra posee un valor mágico muy fuerte y en algunos casos irremplazables, por esta razón vamos a tratar de profundizar lo más posible. Es el material elegido por los pueblos nórdicos desde antaño y posee un poder esotérico inmenso debido a su fuerte conexión con la madre tierra, la sabiduría del tiempo y la permanencia.

Por ello se encuentra vinculado a la estabilidad, la firmeza, el plano concreto. Por ser uno de los elementos consagrados a los Gigantes se asocia a la permanencia y trascendencia. Mediante el grabado de piedras especificas provenientes de lugares particulares, los antiguos establecían una conexión directa, a la manera de puentes o portales, con la sabiduría ancestral proveniente de los Gigantes.

La piedra es el material que trasciende. En toda la historia humana los antiguos monumentos mágicos de piedra han visto pasar distintos hombres, distintas creencias y trascienden para brindarnos tal sabiduría por medio de su energía.

Está obviamente asociada a la Diosa Madre, a la Madre Naturaleza no solo en la cultura nórdica, sino en casi todas las culturas paganas de antaño y no solamente consagrada a una Diosa femenina en particular sino a todos los rostros de la Diosa.

La piedra es un fragmento natural, puro y simple de "La Diosa", por ende los talismanes, amuletos, herramientas mágicas y juegos de runas que creemos, los podemos bendecir y consagrar a ella.

Minerales:

En el caso de los minerales cualquiera de ellos puede ser utilizado tanto para confeccionar juegos de Runas como talismanes. Lo más importante es tener en claro cómo tratar a ese mineral, es decir, como cargarlo y descargarlo, ya que si alguien entra en contacto con un talismán que creamos con un mineral puede que lo descargue o que la persona se impregne de manera inconsciente con la energía del talismán. Por estas razones no siempre son utilizados para juegos de Runas de uso cotidiano, ahora si vamos a crear un juego de Runas que es para uso específicamente personal, esta es una de las mejores opciones ya que nuestra energía se mantiene latente en ellas. En cuanto al significado esotérico de cada piedra, si bien hay algunas asociaciones a distintas divinidades nórdicas, creemos que explayarnos respecto de un tema tan apasionante y ampliamente tratado como este, sería contraproducente para el objetivo principal de este libro.

Metales:

Bronce y Cobre: Ambos asociados a la runa Tiwaz y por ende consagrados al dios Tiw/Tyr lo que nos marca atributos de justicia, victoria, éxito y camaradería. No nos olvidemos que el bronce es un poderoso conductor de energía, muy buscado por los Druidas para sus herramientas mágicas además de ser el material usado para las primeras espadas. En el caso del cobre éste es consagrado a Freyr, Odín o Thor, muy utilizado para amuletos y talismanes.

Plata: este quizás sea el material más usado por las joyerías tradicionales para crear distintas piezas a las que suelen agregarle simbolismo, pero siempre lo hacen de manera inconsciente y en serie. Si deseamos crear un talismán con este material, la base del diseño debemos encargársela a un joyero, lo mejor sería buscar un artesano y no una joyería. Es necesario, que sepamos quién trabaja el material, ya que será la persona que moldee el cuerpo de nuestro talismán y es importante que tenga una buena energía o al menos acorde a nuestra intención. Para algunas culturas antiguas la plata es sagrada y se encuentra asociada a la divinidad femenina, así como a la luna y a todos los rostros con los que ésta ha sido representada en el mundo antiguo. Por ello su relación con el elemento agua y su poder, con las emociones, la intuición y el amor.

Las alianzas de compromiso comúnmente son de plata por esta costumbre proveniente de la Diosa en donde se buscaba la bendición de la luna para los enamorados. Para los pueblos nórdicos estaba principalmente asociada a la Diosa Freyja, un talismán de plata le brindaba al portador su bendición y protección, por esta razón es más buscada para talismanes, que como material para la fabricación de juegos de Runas. Aunque en este último caso suele recurrirse a este material para la confección de juegos de Runas para ser heredados dentro de un linaje familiar, es decir, para heredarlo de generación en generación y que este permanezca intacto con los años.

Oro: Un material que hoy está comúnmente vinculado al materialismo, la codicia, el egoísmo, la enfermedad de lo material y demás, pero en la antigüedad tenía un concepto muy distinto, tanto esotérico como social. En el ángulo esotérico estaba asociado a la energía solar, es importante destacar en este aspecto, que no es "el sol" sino "la sol o Sunna". Una energía femenina, la Diosa Dorada, que otorgaba el liderazgo, muy vinculada en este aspecto a la Runa Sowilo. Los distintos clanes sellaban sus pactos, promesas y compromisos con brazaletes de oro, este uso simbólico del oro se asocia mayormente a la Runa Wunjo. Como ofrenda a los dioses, particularmente a Odin, como fuente de sabiduría y muy vinculado en este aspecto a la Runa Dagaz.

Actualmente en esoterismo es muy usado en talismanes por ser el mejor conductor de energía sutil y por su consagración a Odín, el cual tendrá una fuerte conexión con el talismán creado, brindando su bendición, protección, sabiduría y liderazgo.

Grabado

En cuanto a la elección de como grabar nuestro talismán hay varias maneras, se lo puede tallar, moldear, pirograbar, pintar, etc. En el caso de este último es importante que usemos pintura vegetal o alguna que no contenga químicos.

En cuanto al uso de colores, existen muchas asociaciones esotéricas cromáticas en todas las culturas antiguas, en la cultura nórdica primitivamente a las runas se las tallaba o se usaba el color rojo, el color de la sangre vehículo de la voluntad. Posteriormente aparece el uso de la gama de colores tradicionalmente asociada a las divinidades o también a los elementos.

Al usar el color de una divinidad en el grabado de un talismán estamos consagrándolo a dicha divinidad o bien a un elemento.

Por ejemplo si nuestro talismán tiene la finalidad de concretar un proyecto, podemos consagrarlo al elemento fuego en particular, esto aportara fuerza y concentración a nuestra proyección.

Si bien hay varias interpretaciones acerca de las asociaciones de los colores, a continuación se presentará una muy breve descripción de las más comunes. Claro que lo ideal es que el practicante se deje fluir, si siente que debe ser de un color porque ese color lo trasporta o lo siente firme frente a la función del talismán, no hay más que decir, la elección de la intuición suele ser la más acertada a largo plazo.

Colores según los elementos:

Violeta claro: antiguamente asociado al elemento aire; inteligencia, mensajes y vuelo, conocimiento, transformación, etc.

Amarillo mostaza o marrón: antiguamente asociado al elemento tierra; estabilidad, frutos, fertilidad, logros, etc.

Rojo: antiguamente asociado al elemento fuego; fuerza de voluntad, dirección, competición, realización, saber, etc.

Azul: antiguamente asociado al elemento agua; emociones, sentir, fluir, amor, abundancia, etc.

Azul verdoso: antiguamente asociado al elemento hielo; sabiduría ancestral, solidez, conexión, etc.

Colores según su divinidad:

- Blanco: "La Diosa"
- Negro: Diosa Nertus (trabajar con la sombra), "Los Gigantes" (sus secretos y misterios).
- Plateado: "La Diosa Luna"
- Dorado: el Sol, Diosa Sunna.
- Azul profundo: Odin o Frigg.
- Rojo: Týr o Tiw.
- Amarillo: Jörd, Freyja.
- Rosa: Freyja.
- Celeste: Njördhr, Aegir.
- Verde: Erdha, Eir.

¿Qué es Runas Escondidas en Talismanes?

Este término hace referencia, comúnmente, a una práctica en la creación de talismanes, si bien no es algo necesario de tener en cuenta a la hora de crear un talismán, suele ser un criterio utiliza-do por muchos practicantes.

Se trata de cambiar la forma natural de las runas sin cambiar su esencia, para de esta forma esconder el significado del talismán a los ojos de quienes lo vean. Para hacerlo, una vez que ya tenemos nuestra Bindrune creada, vamos dándole una nueva forma a cada línea que compone el talismán.

Podemos transformar las líneas rectas en curvas, hacer que los extremos se unan, usar las runas grabándolas en espejo, es decir, se trata de explotar la creatividad para hacer de ese talismán algo único, recordando que se busca que no se logren ver a simple vis-ta las Runas que actúan en él, pero a su vez no deben perder su sentido.

A tener en cuenta:

1. Cuando creamos nuestra Bindrune tomamos una Runa como raíz o eje de partida, por lo general son:

| ISA | YR | Cruz Solar | HAGALL |

Lo ideal es que dichas Runas permanezcan como eje sin que las modifiquemos ya que esto mantendrá la armonía en el talismán.

2. Preguntarnos puntualmente si verdaderamente es necesario ocultar su propósito, ya que a veces en el afán por esconderlas po-demos desatender alguno de los otros aspectos, no olvidemos que este es considerado el aspecto menos importante al realizar un ta-lismán, ya que "Quien crea una Bindrune para armonizar un poco más la vida, no tiene necesidad de ocultarlo". "Y quien consi-

dere que debe ocultarlo por alguna razón, debe reflexionar acerca de ¿por qué vive con dicha razón en su vida?, la cual le impide vivir con transparencia, ya que los practicantes que viven de manera transparente y sin ocultar nada, jamás pueden ser desestimados y poseen un poder autentico que se expresa por su voluntad en la vida pero que nace de su verdad, sinceridad y transparencia, con el afuera y con ellos mismo".

Ejemplo, crear una Bindruna:

1- Propósito: adquirir la fortaleza necesaria para llevar adelante mis proyectos y que estos siempre den la abundancia necesaria para realizarme en la vida.

2- Elección de Runas: URUZ - FEHO

3- Nombre: (una manera para crear el nombre puede ser funcionando el nombre de las runas a usar)
FEHO - URUZ.
nombre del talismán entonces sera FERUZ

4- Creado de la Forma:

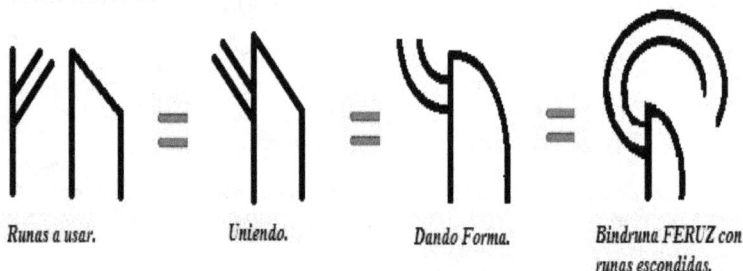

Runas a usar.   *Uniendo.*   *Dando Forma.*   *Bindruna FERUZ con runas escondidas.*

Consagración y bautismo

El consagrar un talismán es de vital importancia para que este cumpla su finalidad, recordemos que si bien las Runas actúan por si mismas, es necesario darle vida a este eje de energía que se está creando mediante un ritual de consagración. En este aspecto no existe una única manera de hacerlo, es una mezcla de rito y vivencia, es decir, existen algunos pasos fundamentales, pero estos van acompañados del sentir, el fluir y la vibración del mago o bruja.

Tengamos en cuenta además que cuanta mayor concentración, dedicación e intención pongamos en ello más potente será el resultado.

La potencia de un talismán es igual a la potencia que le pongamos a la activación, la magnetización y a la intención en el momento del ritual de consagración y/o bautizo. A continuación iremos describiendo paso a paso cada parte del rito a manera de ejemplo, buscando que el practicante despierte su propia manera de consagrar sus amuletos para hacer aún más propio este sagrado y preciado momento.

El lugar: primero es importante definir dónde se hará, por lo general lo conveniente es en la naturaleza, debajo de un árbol que sintamos que es el indicado. Es muy común también que los magos o brujas tengan un lugar específico dentro de su casa donde llevan adelante sus ritos o ceremonias. En caso de no disponer de un espacio debemos buscar en qué lugar, de la casa o fuera de ella, nos sentimos plenos, en armonía, centrados con nosotros mismos y sin ser molestados, será en ese lugar donde nuestra energía podrá desenvolverse de manera libre y plena.

Preparar el lugar:

Existen muchas maneras de preparar el espacio. Si estamos en la naturaleza simplemente es suficiente con trazar un círculo mágico en el sentido de las agujas del reloj encerrando el espacio donde vamos a trabajar, haciéndolo simbólicamente desde nuestra imaginación o físicamente con un cuchillo (en lo posible que lleve tiempo en nuestro poder).

El llamado: Luego de tener este círculo trazado, podemos hacer una invocación a una divinidad para que nos acompañe y nos ayude en nuestra tarea mágica, suele ser apropiado invocar a la divinidad a quien se consagra el talismán. Es importante tener pleno conocimiento de cómo actúa esta divinidad para que la energía fluya libremente, una manera muy simple de pedirle asistencia a una determinada divinidad, es escribir un poema que leeremos como mecanismo de invocación mientras visualizamos internamente la divinidad de quien requerimos ayuda.

La labor: Algunos practicantes eligen crear sus talismanes en el momento, es decir, preparan de antemano la Bindrune y los elementos para confeccionar el talismán en este punto del ritual, o bien podemos tenerlo preparado ya. Grabarlo en este momento suele tener una potencia especial y mayor.

Activación: En este punto del Ritual vamos a tomar el propósito escrito del talismán y nos daremos unos segundos en silencio para sentir la energía del momento, luego con nuestros dedos índice y anular de nuestra mano diestra, juntos y apuntando hacia el talismán, leeremos del papel nuestro propósito en voz alta, buscando que nuestras palabras le lleguen al talismán por medio de nuestros dedos que dirigen nuestra energía al señalarlo.

Si así lo deseamos podemos tomar un fósforo y quemar finalmente el papel frente al talismán para darle mayor fuerza.

La activación es un paso fundamental que debe hacerse inevitablemente, podemos simplemente enunciar el propósito pero de esta forma no será tan fuerte como si seguimos un rito de activación como el mencionado anteriormente. El ritual puede ser adecuado a diferentes creencias, podemos también ayudarnos de herramientas mágicas como las varitas Rúnicas, en vez de señalarlo con nuestros dedos.

En definitiva, el ritual posee un carácter optativo en sus formas, salvo aquellas referidas a la importancia de la activación del talismán mediante la enunciación de su propósito antes de darle vida.

Darle Vida: Este es otro de los pasos fundamentales e ineludibles de la consagración del talismán, ya que estamos dándole el "soplo de vida". Luego de este paso el talismán estará activado y comenzará a actuar, por así decirlo, latirá como el núcleo de las energías que lo conforman. Hay distintas formas de hacerlo según la función del talismán, las Runas que conforman a la Bindrune usada y la divinidad que elegimos invocar al comienzo del ritual, estos tres puntos deben estar conectados. Por ejemplo si creamos un talismán que tiene como fin triunfar en una causa lucha o justicia, este seguramente poseerá Runas como Tiwas y seguramente la divinidad a la que pediremos que actué en el talismán y sea parte de nuestro ritual, es el dios Tiw o Tyr, siguiendo esta clase de asociaciones podemos asegurar el éxito de nuestro propósito con el talismán.

Teniendo en cuenta esto, lo que haremos es tomar el talismán con ambas manos y recitar unas palabras con las que le damos la vida en este plano, bajo el "nombre" que hemos elegido y consagrado a determinada divinidad, al finalizar las palabras, suavemente soplamos el talismán visualizando internamente que estamos otorgándole la vida mágica en este plano, "el soplo de vida".

Ejemplo:

*"Yo, el brujo de la bahía de sal **(nuestro nombre)**, junto a tu presencia, Tiw **(divinidad)** señor de las causas nobles y justas,*

te pido tu asistencia y la permanencia de tu energía en este ta-
lismán, el cual consagro, con un propósito que este ya conoce y
que a partir de este momento portara vida propia en tu honor,
bajo el nombre de Juscauslivr **(nombre que elegimos para el**
talismán)".

En este punto luego del soplo de vida, también se puede hacer
una ofrenda de nuestra pertenencia en lo posible y acorde al propósito que se busca, antiguamente se solía hacer una ofrenda de la
propia sangre, ya que es el vehículo mágico y representación de la
vida, claro que cuando hablamos de este sacrificio de sangre nos
referimos a simplemente pincharnos con un alfiler y pasar el dedo
untando esa sangre por el talismán. En representación simbólica
de la sangre pueden usarse otras cosas como vino o un preparado
de aceite de oliva y sangre de dragón previamente consagrados
para esta función, como más adelante explicaremos.

En el caso de la divinidad a la que consagramos el talismán
no necesariamente debe ser una deidad mayor del panteón nórdico, podemos consagrar nuestro talismán a divinidades menores,
a la misma Diosa como divinidad femenina o al Sol, a la Madre
Naturaleza, a cualquiera de los animales de poder (en el caso de
estos estaremos atrayendo sus cualidades al talismán), a los mismos elementos o a nuestro linaje de sangre o antepasados. Por
esta razón es conveniente que las palabras que usamos en este
paso sean nuestras y no sacadas de un libro. Siempre es más fuerte
lo que sale de adentro, de nuestra pasión, nuestro sentir, nuestra
intención e intuición.

"Las palabras vibran en nosotros
Y lo hacen con más fuerza si conocemos su significado,
si a su vez esas palabras fueran parte de nuestro

*sentir más profundo, alguna vez serán capaces de
permitirnos tocar el corazón del Gran Árbol"*

Bautismo:

Este momento suele variar dependiendo de cómo lo sienta el
practicante y según el sentido que le de al talismán, puede ser
tanto antes como después del soplo de vida. Tradicionalmente se
trataba de envolver al talismán en llamas, era un bautismo de fuego, un elemento vivo que respira y posee voluntad propia, ya que
no podemos controlar una llama sin quemarnos en el intento de
tomarla, y si le quitamos el oxígeno muere.

Se hace con un pequeño fuego pasando el talismán por encima
de las llamas para que este elemento le otorgue la cálida luz de la
vida. Podemos hacerlo cuando quemamos el papel o justo antes
de concluir el ritual. De no poder someter el material a la llama
podemos hacer el bautismo con otro elemento.

En el caso del agua, una opción es verter agua con una copa
sobre el talismán, muy común cuando buscamos la bendición
de la Diosa para talismanes que se relacionen con el fluir y las
emociones.

Para talismanes de abundancia la bendición puede hacerse con
leche (o también agua) buscando la bendición de la Madre Tierra.

En el caso del elemento aire, el propio aliento puede bastar,
también se puede pasar el talismán por encima de un sahumerio
preparado con hierbas que tengan que ver con la función deseada,
aportando sabiduría, inteligencia, comprensión del conocimiento,
etc.

En el caso de la tierra, se lo puede frotar con tierra fértil mezcla-
da con algunas semillas lo que otorgara fertilidad, estabilidad, etc.

JUAN MARCOS ROMERO FIORINI

El elemento hielo, podemos colocar el talismán sobre cristales como el cuarzo o dentro de una vasija con hielo lo que le otorgara solidez, sabiduría ancestral, conexión con vidas pasadas, etc.

Como dijimos anteriormente el bautismo no es estrictamente con fuego sino más bien con el elemento que uno sienta que es el indicado y en el momento del ritual que consideremos indicado, también podemos, si así lo sentimos, bautizar con los 5 elementos a nuestro talismán.

Por último: se agradece la presencia de la divinidad elegida y de la misma manera que abrimos el círculo mágico para realizar nuestra labor procedemos a cerrarlo en sentido contrario a las agujas del reloj concluyendo así nuestro Ritual.

Vida útil de un talismán

Como hemos visto los talismanes toman vida después del ritual de consagración, y por ende poseen un tiempo vital que estará sujeto al soporte que hayamos elegido. Hay talismanes que se hacen en soportes livianos, estos con el tiempo se van gastando o borrando, se los considera de corta vida y se eligen para talismanes con funciones específicas, como lo son concretar, superar o sobrellevar determinadas situaciones. Sobre soportes fuertes como el roble, se hacen los llamados talismanes de larga vida, aquellos grabados para perdurar y trascender, como lo son los talismanes protectores del hogar o de un linaje.

Para asegurarse que un talismán posea una larga vida o incluso permanezca después de que el mago o brujo muere, no solo es importante la potencia mágica del ritual, sino también el soporte que se use, la vida del talismán está sujeta al soporte.

En caso de que el talismán ya haya cumplido su objetivo, lo

más prudente seria conservarlo envuelto en tela de algodón, blanca en lo posible, dentro de nuestro armario mágico o baúl.

Si el talismán tenía un objetivo preciso y especifico, al concretarse dicho objetivo generalmente se lo quema agradeciéndole a la divinidad que fue consagrado, y al mismo talismán por habernos acompañado en dicha situación. De no poder quemarse por la dureza del soporte, se lo suele entregar a la madre tierra enterrándolo en lo profundo, aquellos talismanes que fueron consagrados a la Diosa al concluir su función, suelen ser entregados al mar agradeciéndole a la Diosa con algunas flores a manera de celebración.

Sustitutos de la sangre para los rituales

El uso de la sangre en los rituales no es un punto obligatorio, pero no podemos dejar de reconocer que un talismán al que se le ha hecho un bautismo de sangre, es increíblemente más poderoso y está profundamente conectado al poder mágico de su creador, por esta razón hoy en día, que no es tan común esta clase de métodos, se han llevado adelante practicas esotéricas muy efectivas de preparados como sustitutos de la sangre. Una de ellas muy común es el vino tinto, otra que podemos utilizar es un preparado de sangre de dragón, estas dos opciones son muy usadas ya que podemos prepararlas en un frasco especial destinado únicamente para este fin y utilizarlo cada vez que se requiera, generalmente el preparado se suele dejar en un baúl mágico, bajo el altar o rincón mágico y es importante que no reciba la luz del sol para que se preserve por más tiempo sin perder sus propiedades mágicas.

De elegir alguno de estos métodos u otro sustituto es importante consagrarlo en un círculo de la misma manera como se presenta en la consagración de los talismanes, o con el método que usamos para consagrar las Runas, o de la manera que sentimos que es la adecuada y sagrada, ya que lo que se busca es trasformar y realzar las propiedades esotéricas de nuestro preparado para darle la potencia mágica deseada.

Preparado de sangre de dragón: en un frasco de 200 ml., colocamos el equivalente a 3 cucharadas soperas colmadas (el 3 representa el sentido que le daremos como uso mágico) de sangre de dragón en polvo (planta usada para consagrar y purificar) y luego completamos el frasco hasta que este casi a tope con aceite de oliva (el aceite representa el vehículo y el olivo marca que es con un sentido espiritual y mágico), luego si lo deseamos podemos agregar 3 gotas de nuestra sangre para que el preparado obtenga nuestra potencia mágica y se fortalezca el vínculo en la mezcla. Este preparado remplazaría a la sangre en cada ocasión que se requiera.

Preparado de vino: en un frasco de 200 ml., lo rellenamos casi a tope con vino tinto y luego le agregamos 3 gotas de nuestra sangre para fortalecer el vínculo y darle mayor potencia mágica como en el caso anterior.

Otras maneras de Usos de un talismán

El uso de un talismán no está solamente sujeto a un soporte, sino que se pueden utilizar de diversas maneras, por ejemplo si nos encontramos en una situación particular en la que necesitamos ocasionalmente el apoyo de una Bindrune en particular, podemos tomarnos unos minutos para concentrarnos en visualizarla mentalmente y proyectar nuestra energía a través de ella para atraerla, claro que su efecto permanecerá activo solo un lapso de tiempo no muy largo igual al nivel de concentración y visualización que hayamos logrado, pero puede sernos muy útil.

Otra manera muy común para convocar el apoyo de una

Bindrune de manera momentánea en un espacio físico, es marcarla con los dedos o dibujándola si se quiere en el suelo del lugar, esto producirá un efecto de corto tiempo.

Si el practicante busca a través de la meditación llegar a determinados estados de calma o de algún estado en particular, puede visualizar una Runa o Bindrune en particular, en este caso se notará que son extremadamente útiles, muy potentes y le permitirán al practicante acercarse aún más a la vibración de cada energía.

Un método que suele usarse también es, en situaciones específicas de pedido, por medio de ofrendas simples, como por ejemplo cuando estamos por comenzar un nuevo proyecto y deseamos que este de buenos frutos, es muy común acercarnos a la naturaleza para pedirle su bendición y apoyo, haciendo un pequeño poso en la tierra para enterrar alguna semilla y luego verter leche como ofrenda a la Madre tierra concentrándonos en nuestro pedido concentrándonos en las runas Berkana y Feho.

Como se puede ver el uso de talismanes es solo limitado por la parte lógica y apegada al plano físico del practicante, ya que cuanto más siente y reconoce de manera natural la energía de cada Runa y Bindrune, con mayor fluidez puede moverse entre dichas energías.

¿Un talismán puede perder su energía o descargarse?

Los talismanes de corto plazo, aquellos que confeccionamos para una función determinada, solo perderán fuerza al concretarse dicha función.

Por otra parte los talismanes de larga duración puede que con los años pierdan un poco su fuerza, en caso de que sintamos que un talismán esta desmagnetizado, podemos volver a cargarlo renovando su vitalidad en un ritual de consagración o mejor dicho de re bautismo, llevándolo a cabo simplemente de la misma manera que lo hicimos en primera instancia o de una manera más simple si se quiere, el rehacer este proceso potenciara no solo el efecto del talismán sino también extenderá su tiempo de vida.

Talismanes

Bindrune, Galdrastafir y Galdramyndir

A continuación se presentan una gran variedad de talismanes Rúnicos de los distintos pueblos antiguos y también los confeccionados por los practicantes contemporáneos, que juntos componen un abanico completo de lo que generalmente se busca de un talismán.

Es importante aclarar que algunos de estos talismanes se les ha dado la categoría de **"No recomiendo su uso"** a los que solo se hará una muy breve mención de ellos. Esto se debe a que su significado y usos eran transmitidos oralmente, por lo que se han perdido con el paso del tiempo y en algunos casos es muy difícil comprobar la veracidad de la información. Algunos de ellos entran en esta categoría debido a la complejidad de su uso, al vínculo con deidades específicas, con las cuales el practicante debe tener una profunda conexión y poseer una gran maestría o trayectoria en la magia Rúnica, y que aun así no es recomendable su uso debido a que se trabaja con energías muy fuertes y la consecuencia de su mal uso puede ser catastrófica en la vida de quien las use. Se los presenta de todas formas porque hoy en día, con el cambio del sistema de comunicación global en redes sociales, se encuentran muchos de ellos y resulta de vital importancia que un verdadero practicante sepa reconocer y saber qué talismanes le aportan bienestar, cuales un crecimiento personal o espiritual, cuales le permiten sanar y cuales verdaderamente son los que atraen energías que corrompen la vida, dividen y lastiman.

*"Sanar y poner luz en el conocimiento adecuado
es plantar la semilla del cambio de conciencia"*

*"La humanidad no crece espiritualmente de manera
individual, sino en su conjunto, por eso comparte y
brinda con tu entorno aquello que te ha dado claridad
para reconocer el camino que expande la conciencia"*

Talismán de la suerte: Transmutar, este es un transmutador de energías, se lo graba con el fin de transmutar las energías residuales o que se encuentran en un lugar u objeto. El círculo representa al sol y los 4 medios círculos, a las fases de la luna. Por lo general se lo graba en cuadrito o maderas para colgar en habitaciones.

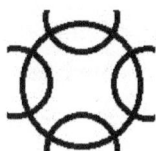

Seidhmadhr: El mago, representa el poder mágico y se lo utiliza para conectar con esta energía. Recorriéndolo de abajo hacia arriba, nos presenta la energía sagrada y arquetípica del mago, se enraíza en la tierra en cuerpo, mente y espíritu, lo cual refiere al don de la sabiduría experimentada, luego en sus manos podemos ver la runa Ehlaz, haciendo referencia a que controla y maneja su energía, el don de la magia, en la cabeza

podemos ver que la línea central cruza por el medio hasta salir hacia arriba, haciendo referencia a su conexión con el universo, y además una parte de la cabeza está abierta hacia adelante, es decir que él es canal y pose el don de la palabra. Este amuleto se lo graba en cofres, baúles o sitios donde se encuentran nuestros elementos mágicos para mantener esos espacios sagrados y pulcros, también se lo porta como amuleto para atraer tales dones a nuestra vida.

Talismán del Espejo y el Equilibrio: Nos permite reconocer las fantasías y engaños, es decir detectar lo falso, también suele reconocerse como el árbol de la vida, el cual sostiene en equilibrio perfecto y armónico los nueve mundos, se lo graba para atraer la energía vital del universo, mantenerse en equilibrio y armonía. Se lo utiliza en dijes o se lo graba para colocarlo en la casa para mantener una convivencia armónica, o en lugares donde hay mucho tráfico de gente para fomentar la verdad y alejar la falsedad. Cuanto más lejos esté la falsedad y el engaño de una familia, de mayor armonía gozará esta.

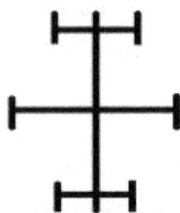

Vé: Talismán consagrado a Vé, el cual hace referencia a lo sagrado de un templo, lugar o espacio, se lo utiliza para limpiar el espacio purificándolo, haciéndolo sagrado y protegiéndolo de energías negativas externas.

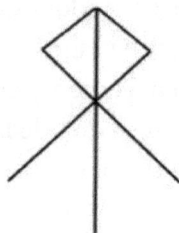

Vegvisir: Este talismán "conocedor de los caminos" nos ayuda a no perder el rumbo de nuestro destino/meta. Nos ayuda en cada momento de nuestro camino a siempre encontrar el rumbo hacia nuestra realización. Cuando un sabio emprende un viaje portando este talismán no extraña el hogar, ya que le ayuda a reconocer que su verdadero hogar es la Gran Madre Tierra...

Hogar: Este talismán era grabado por la mujer de la casa para representar armonía y protección en el hogar, hoy en día se lo suele grabar en el interior de la casa (precisamente arriba de cada abertura: puertas y ventanas) para mantenerla protegida de robos o catástrofes, manteniendo la armonía en la misma.

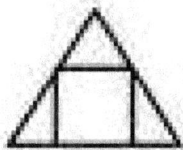

Erdha: Talismán asociado a la Madre Tierra, consagrado a las Diosas Frigg y Erdha, "la tierra es origen matriz de la vida en el mundo". Nos ayuda a fortalecer el vínculo con la tierra en donde nos tocó nacer, hacerla más propia sin negar sus tradiciones y cultura, ya que por algo en esta vida nos ha tocado como punto de partida en este camino repleto de experiencias por vivir.

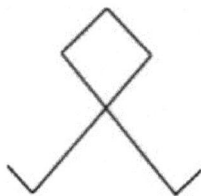

Es muy elegida para realizar meditaciones en las que se desea experimentar a la Diosa en su rostro Madre Tierra, para poder sentir su presencia en cada una de sus expresiones que forman la naturaleza, vibrando al ritmo natural del mundo que trasciende las fronteras y creencias creadas por la mente humana.

Valknurt: Significa nudo guerrero o nudo de Odín, era utilizado en la batalla, mostraba la unión del clan de guerreros consagrados al dios Odín. Su forma son 3 triángulos representando ese sentido sagrado.

En el caso de este talismán consagrado a Odín, se lo usa solo en ocasiones puntuales, ya que por momentos puede que si Odín considera que la causa no es la adecuada, quite su protección dejando a merced de la suerte a quien lo porte, por ende debemos ser muy conscientes que nuestra intención es acorde a la de dicha divinidad.

También es importante reflexionar en "qué entendemos por batalla o arquetipo del guerrero", ya que normalmente muchos creen que en la vida hay que luchar para obtener el éxito, recuerden que cada ser cree que su causa es la más noble y si verdaderamente lo fueran respetarían el desarrollo de las causas ajenas, ya que las causas que se basan en la vida generan armonía en su entorno a diferencia de las causas que alientan la lucha o la competición, las cuales solo terminan en conclusiones lamentables o penosas.

Los sabios dicen: "No te alegres de ganar la pelea.. sino laméntate de no haberla evitado"

Otra forma de Valknurt es:

Triskelion: Este talismán tan conocido y usado socialmente, está poderosamente vinculado con la luna, en algunas tradiciones consagradas al culto de la sagrada energía femenina, la Diosa Triple o Trinidad Femenina Sagrada, Diosa Lunar y en otros al culto de Odín.

Lo fundamental para comprenderlo es que tengamos en cuenta las Runas que lo conforman, su eje triple está emparentado al símbolo pre-rúnico de Eihwaz, haciendo referencia al gran árbol que conecta los mundos, el cual nos recuerda el fluir en el ciclo de la vida y el generar equilibrio en nuestro recorrido por este mundo (nacimiento, realización y muerte). Por otra parte, cada una de sus piernas están formadas por la runa Laguz que marca poderosamente el vínculo lunar, las profundidades del mundo interior y espiritual.

Por esto último, algunos pueblos del norte de Europa consideraban este talismán como una "llave" capaz de ayudar al iniciado de las antiguas tradiciones de la Diosa Lunar, a sumergirse en las profundas aguas de su inconsciente en busca de claridad, armonía, comprensión y sabiduría.

Hoy en día este talismán es muy usado para adquirir mayor equilibro y armonía entre los tres planos del ser (cuerpo, mente y espíritu), como también para potenciar la intuición a la hora de profundizar y comprender cada emoción interna, logrando ver como esa emoción influye en la realidad que expresan los otros planos.

"No recomendado su uso"

Vyrdhr: Está fuertemente vinculado a la tradición Ásatrú, representa a los nueve mundos. Se lo utiliza para el incremento de la experiencia mágica, en meditaciones profundas para alinearse al gran árbol, etc.

Otra forma de grabado, con la diferencia que en este está consagrado al sistema Rúnico completo (24 Runas).

Pesca: Se lo solía grabar en el mismo anzuelo para poder asegurar una buena pesca en el día.

"No recomendado su uso"

Sol Negro: Este símbolo estaba asociado al fin de los tiempos y a la batalla de los Dioses contra los Jotuns. Fue muy usado por el partido Nazi.

Rueda solar: Representa la rueda del ciclo natural y su orden cósmico, comúnmente usado para la protección, la buena fortuna y el desarrollo de una vida prospera.

Ese talismán antiguamente estaba consagrado a la Diosa Solar y la Madre Tierra, con el paso del tiempo y la llegada de las culturas patriarcales fue masculinizado.

Skjölnut: Este talismán es más comúnmente conocido como cruz solar o escudo anudado. Representa la energía vital entrelazada de todos los seres vivos, es utilizada para fortalecer dicha conexión.

"No recomendado su uso"

Atraer o ahuyentar espíritus: La información del modo de uso de este talismán es poco adaptable y confusa, ya que hoy en día poco se conoce acerca de las prácticas espiritistas de estos pueblos, se trata de un talismán sumamente peligroso incluso para manos expertas, se sabe que se utilizaba junto con un ritual y palabras específicas para atraer a un determinado espíritu, ordenarle o ahuyentarlo.

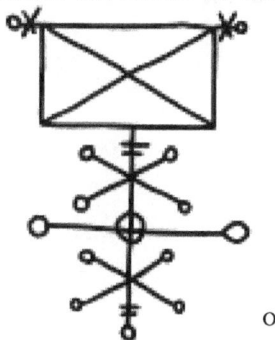

Es importante aclarar que ninguna magia realizada por los vivos

JUAN MARCOS ROMERO FIORINI

que busque atraer a los muertos terminara bien, porque se está buscando romper el balance natural y de la vida.

Si desean conectar con sus ancestros o con espíritus de un linaje antiguo *NO* necesitan usar talismanes como este, ya que atraerán energías que no podrán manejar ni comprender, lo mejor para trabajar con el linaje es usar cualquier de las Runas tradicionales o prácticas comúnmente conocidas.

Svefnthorn: Este es un talismán que fue asociado a la suerte, los sueños y la protección. En cuanto a la suerte representa la bendición de los Dioses para nunca pasar miseria extrema y siempre poder divisar el camino autentico para salir adelante, por esto último suele tener fuerte influencia en el campo de los sueños, ya que es donde nuestra lógica no gobierna y el yo más joven puede comunicarse. Además, brinda protección en nuestro camino de vida para que el ser alcance su realización.

"No recomendado su uso"

Nábrókarstafur: Talismán utilizado antiguamente en la necromancia.

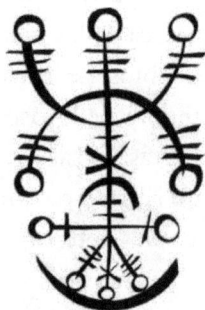

Rosahringur Minni. El Rosahringur era usado como un círculo de protección menor para rituales específicos.

Para la Buena pesca: Éxito en la pesca, antiguamente se lo grababa como talismán con sangre de un ave bajo la proa del barco, para bendecirlo con la abundancia en la pesca en todo momento.

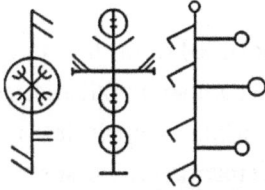

Para ganar un Juicio: Se trata de un talismán que se lo grababa con sangre (se dice que tradicionalmente era de la nariz), sobre un lienzo que se lo cosía a la ropa que llevarías a un juicio. El talismán hará que la verdad se revele y te favorezca.

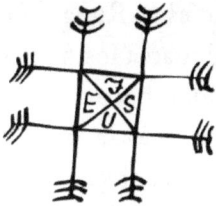

También se decía que si la corte te causaba temor que lo llevaras pintado en tu piel, de preferencia en la espalda.

Disminuir el Fuego: En la antigüedad se lo usaba para apagar el fuego, pero hoy en día es muy utilizado para aminorar el fuego interno, cuando este elemento esta desequilibrado la persona experimenta enojos constantes e incluso de manera irracional, problemas en el

estómago, suelen culpar a los equivocados por los problemas que tienen y a la vez el mismo estado no le permite ver la raíz interna del problema.

Este talismán al usarlo disminuirá el fuego para que la persona pueda meditar y reflexionar acerca del desequilibrio que causa su estado.

Se recomienda portarlo (colgado o en un bolsillo) durante un periodo máximo de 3 días, esto se debe a que el abuso de talismanes de este tipo puede apagar a la persona llevándola a deprimirse un poco (estos usos son situacionales y para determinados casos, no son para uso continuo).

Bindrune: Ansuz - Raidho – Ear: Este talismán es poco usado debido a la presencia de Ear que es la Runa de la tierra de muertos o polvo, la cual marca los finales, en este caso junto a Ansuz y Raidho hace referencia al cese del dialogo y que sea nuestra palabra la que se mantenga durante todo el trayecto del proceso por el que se está pasando hasta su fin. Se utiliza en situaciones puntuales como en los procesos de divorcios para evitar las discusiones y que la palabra de quien lo porta prevalezca, de

todas formas recuerda que todo proceso pasa por algo y tomar este camino solo hará que postergues lo que debes aprender de él.

Lazo de Energía: Sowilo, Berkana, Dagaz Se trata de un Bindrune o talismán que genera un eje de energía solar y vital continua, el cual es armonizado por la Runa Dagaz. Se lo utiliza para hacer crecer la energía vital y potencial de la persona, cuando se encuentra debilitado el poder interno y deseamos que se restaure creciendo aún más, el proceso está armonizado por la runa Dagaz, por ende será progresivo y el nivel será acorde a su conexión espiritual.

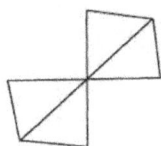

Bindrune de energía espiritual: Dagaz – Ingwaz. Este Bindrune se usa para mantener el flujo constante de energía vital y espiritual en la persona, incrementando gradualmente con el tiempo, el nivel de vibración energético.

Es muy usada en meditación visualizándolo mentalmente, al inicio y al finalizar de cada día.

Equilibrio espiritual y físico: Este talismán se confecciona generalmente en madera de tejo, fresno o ciprés. Nos permite centrarnos en nuestro propio eje, manteniendo en equilibrio nuestro plano físico, mental y espiritual.

Restaurador de energía: Es una Bindrune sentimos que nuestra energía esta baja o desbalanceada.

Las runas Mannaz e Ior actúan como restauradoras y generadoras de la energía (polarizada, balanceada) que le hace falta a nuestro ser.

La runa Sowilo y Nauthiz se complementan detectando las partes del yo que están desarmonizadas, a las cuales se les enviará la energía de las Runas anteriores, a su vez potencia la centralidad del ser. Concluyendo en una armonía fortalecida por la Runa Ehlaz.

Talismán de la suerte: Se lo graba como talismán para atraer la buena fortuna a su portador.

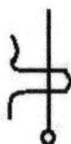

Honor: Se lo suele pintar tradicionalmente bajo la axila derecha para obtener el respeto y el reconocimiento de otros hombres.

"No recomendado su uso"

Veiðistafur: Talismán usado por los pescadores, para obtener la bendición de una buena pesca.

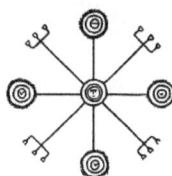

"No recomendado su uso"

Vatnahlífir: Este talismán protege a su portador de no morir ahogado, temor muy grande en aquel tiempo debido a los enormes riesgos que tomaban al cruzar océanos y enfrentase a poderoso temperamento del mar.

Thjófastafur: Se lo utilizaba para reconocer la identidad y ubicación de un ladrón.

"No recomendado su uso"

Thundur: Talismán consagrado a Odín, utilizado para expulsar energías enemigas y negativas.

"No recomendado su uso"

Devolver el daño: Este talismán no se describe su uso ya que en manos equivocadas puede ser mal usado. Era utilizado para devolver el daño recibido.

JUAN MARCOS ROMERO FIORINI

Es importante aclarar que un brujo de verdad no necesita caer en estas prácticas, ya que si sus pasos son verdaderamente armónicos, jamás necesitara caer en estas prácticas nefastas.

Inspiración: Se lo suele utilizar para aumentar la inspiración, creatividad artística, atraerla al día a día y a los proyectos.

"No recomendado su uso"

Fengur: Uno de los signos consagrados a Odín.

"No recomendado su uso"

Buena fortuna: Convierte la energía negativa en positiva, aportando al cambio para obtener el objetivo deseado.

Lasabrjotur: Era comúnmente usado para abrir puertas y cofres cerrados, sin la llave.

Lockrune: Talismán contra la magia.

Þjófastafur: Utilizado para prevenir robos y mantener alejados a los ladrones.

Fylfot: Esta Bindrune representa a la espiral solar, cíclica y evolutiva. Antiguamente usada para la prosperidad de las cosechas y actualmente para adquirir fortaleza, fuerza de voluntad a la hora de concretar proyectos y protección. De todas formas hay que aclarar que el uso constante de talismanes solares como este, puede llevar a desequilibrios de exceso de energía solar, recordemos que cuando hay falta de fuerza de voluntad la persona cae en depresiones o recibe influencias externas, por otra parte el exceso suele hacer que la persona no mida del todo sus actos y pase por encima de las libertades de los demás o caiga en el egoísmo.

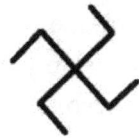

Odroerir: Consagrado al culto Odínico, está co   es cuernos entrelazados que simbolizan los cuer-

nos donde se depositó la sangre sagrada de Kvasir, para efectuar el hidromiel de la poesía.

"No recomendado su uso"

Contra el miedo: Este sello se lo grababa para contrarrestar el miedo y superar situaciones de riesgo.

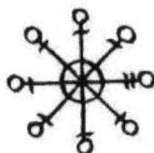

"No recomendado su uso"

Camino de la diversión: Este talismán se lo grababa para que la vida sea siempre diversión y placeres, tanto en tierra como en mar. Es un talismán no recomendado porque es cercano a la divinidad de Loki.

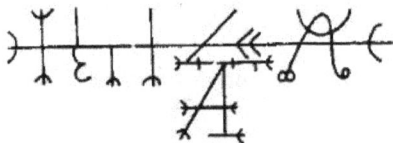

"No recomendado su uso"

Disipar el humo: Se lo utilizo para disipar el humo o las neblinas, en la antigüedad solía tener un uso práctico aunque hoy en día se lo utiliza mayormente en su aspecto sutil para disipar las neblinas mentales, aquellos pensamientos que no nos permiten ver con claridad nuestro camino de vida.

"No recomendado su uso"

Superar evaluaciones: Nos brinda apoyo para superar evaluaciones, pruebas difíciles o exámenes.

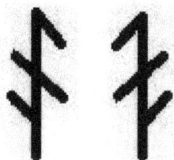

"No recomendado su uso"

Smjörhnútur: Nudo de mantequilla, para asegurar que la mantequilla no se obtiene por medios mágicos.

"No recomendado su uso"

Brýnslustafir: Este signo se grabó en las piedras de afilar, el de arriba en la parte superior de la piedra y la otra en la parte inferior.

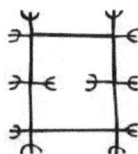

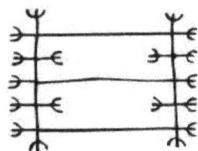

"No recomendado su uso"

Deprún: Se usó para matar a algunas cabezas de ganado de un enemigo. Se lo dibujada en un pedazo de papel y enterrado en el suelo, donde pastaban los animales.

Cruz de San Juan: En el caso de este talismá formación acerca de su nombre real (ya que Cruz de San Juan es debido a la influencia católica) es el predecesor de otros Bindrune como el Eldauga y fue usado comúnmente para potenciar la visión en una lectura.

"No recomendado su uso"

Hólastafur: Teóricamente, permitió abrir las colinas. Se decía que se lo grababa en una rama o bastón de serbal con el tinte de sangre del brujo. Al golpear con este bastón las piedras que impidieran el paso en la colina se abrirían dejando el camino libre.

"No recomendado su uso"

Angurgapi: No se conoce su funcionalidad pero se sabe que se lo grababa en los barriles de cerveza, se cree que pudo ser una especie de bendición o una especie de protección como para que no la adulteraran, pero no se tiene referencia del verdadero uso.

Modgud: Este es un poderoso símbolo pagano consagrado a la Triple Diosa, si bien en la época cristiana se lo tomo como el poder de la Virgen María, en la antigüedad tenía que ver puntualmente con *Freyja-Frigg-Modgud* y la celebración de la muerte. Estaba principalmente vinculado al

rostro de Modgud y se lo grababa para invocarla en rituales específicos, también para despedir al fallecido y asegurar su camino.

Nerthus: Esta Bindrune está consagrada a la diosa Nerthus, era especialmente respetada y venerada por las tribus germánicas, estaba asociada a la Madre Tierra y a la fertilidad.

Se decía que ella aparecía con su carruaje tirado por becerros, lleno de vacas auspiciando tiempos de paz y de festejos.

Estos pueblos representaban físicamente esta tradición llevando su carro al pueblo para festejar, honrar y celebrar a esta Diosa Sagrada, actualmente se consagran talismanes a ella para recibir esta divinidad en el hogar y celebrar, solicitar su bendición para que los frutos de la labor del año den buenos resultados y se siga viviendo en una armónica paz.

Glückstern: "Voz germana". Este talismán procede del neolítico y se lo puede ver repetidas veces en grabados en piedra. Representa la armonía y equilibrio de las energías sagradas fundamentalmente naturales, por esta razón es considerada "estrella de la suerte" y un poderoso talismán para alinearse al camino/destino de vida, para encontrar el rumbo cuando todo parece confuso, además se lo suele usar en momento de retiro en la naturaleza para sanación espiritual.

Este talismán resulta particularmente importante dado a la poderosa asociación con el "nudo de Freyja" y el "nudo de Freyr". Representa la unión en equilibro de estas dos energías tríadicas, el vínculo perfecto y armónico entre lo sagrado masculino y lo sagrado femenino.

Triketas o nudos; del Señor y la Señora:

Triketa o nudo de Freyja: Para estos pueblos germanos representaba el sentido triple de la energía femenina a través de La imagen de Freyja.

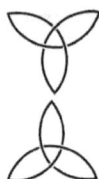

Triketa o nudo de Freyr: Para estos pueblos germanos representaba el sentido triple de la energía masculina a través de la imagen de Freyr.

Manismark: Runa de Mani, es una manera de representar a la Divinidad Lunar, se la utiliza para conectar con la fase lunar que se necesite. También es asociada a la fertilidad, los nacimientos y la semilla de la vida.

"No recomendado su uso"
Protección: Este es un talismán sagrado vinculado principalmente al culto del Dios Thor, representa el poder protector y combatido de Mjolnir. Es importante tener en cuenta que no es un talismán de protección común sino que su potencial es mayor, por ende para utilizarlo debemos estar conectados internamente con dicha divinidad y vinculado a través de sus ri-

tos. También recordemos que así como cuando utilizamos la runa Thurisaz como protección, en realidad pasa a ser más como una contra ofensiva, este talismán suele actuar de forma similar ya que el potencial destructivo de esta energía es muy grande y suele comportarse de manera activa, a diferencia de otros talismanes de protección que se comportan de manera pasiva. También hay que aclarar que utilizar este talismán sin conocimiento de la divinidad a la que está consagrado o a su culto, puede ser contraproducente para quien lo porta por el potencial de energía que es de por si, por ende si deseamos regalar un talismán de protección lo mejor es quesea uno de los tradicionales.

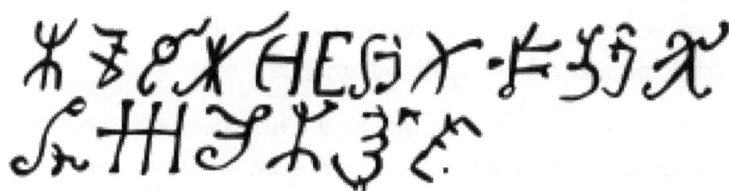

"No recomendado su uso"

Tóustefna: Este talismán se escribía en madera de roble, se lo utilizaba para ahuyentar a los zorros, ubicándolo bajo el umbral con lana vieja.

Talismanes relacionados al amor

Es importante destacar que cuando se habla de atraer el amor, no se refiere a una persona en particular sino en vibrar de manera armónica en la energía amor sin cerrarse a ninguna posibilidad o experiencia. A continuación se dejan algunas consignas a tener en cuenta a la hora de recurrir a la magia en temas de amor:

· Si se desea buscar el amor de una persona en particular, sería bueno reflexionar por qué creen que solo ese ser en el mundo puede darles lo que necesitan y si verdaderamente lo que creen necesitar es lo que les hará bien…

· Una pareja creada desde la manipulación o la voluntad de una de las partes, acabara en desastre para ambos, pero aún más terrible para aquel que realizo la magia.

· Buscar el amor de alguien que ama a otra persona es considerar que no mereces alguien que verdaderamente te ame y elija, cuanto más te amas a ti mismo mejores y más armónicas serán tus experiencias en el amor, ya que el amor que recibes del afuera es un reflejo del que te das a ti mismo.

· Antes de buscar conquistar el corazón de otra persona date el tiempo de conquistarte y enamorarte de ti mismo.

· Buscar en el amor, alguien que te complete es buscar desde la carencia…mejor sería, buscar completarse a uno mismo en soledad, y luego compartirse a la par con otro que esté en el mismo proceso evolutivo.

Estas pautas no buscan juzgar a ninguna persona que pueda estar en esta situación sino más bien proponerle reflexionar sobre su visión del amor.

Amor: Este amuleto representa gráficamente a dos personas espalda con espalda, representa unión en equilibrio de amor, sin sobrepasar uno al otro. Recorriéndolo de abajo para arriba, podemos ver que en la parte de abajo que representa a la tierra, se están enraizando en cuerpo, mente y espíritu, sobre un mismo tronco común en la vida, y su manera de pensar o de ver la vida es dual, compartida y creativa. Esta clase de energía amor es la que atrae este glifo, como también se lo utiliza para restablecer el amor a uno mismo. Se lo usa como colgante o se lo cuelga en una cama matrimonial.

Era usado por la mujer para atraer el amor de otra mujer.

Era usado por un hombre para atraer el amor de otro hombre.

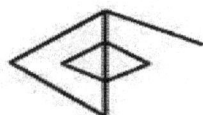

Era usado por un hombre para atraer el amor de una mujer.

Era usado por una mujer para atraer el amor de un hombre.

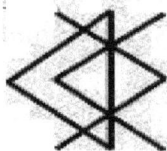

Se obsequia en los matrimonios para que sean felices y construyan una feliz familia.

Para que el amor de una pareja se preserve y se mantengan unidos por un sentir autentico.

"No recomendado su uso"

Sellar el Amor: Para sellar y con-sagrar un amor.

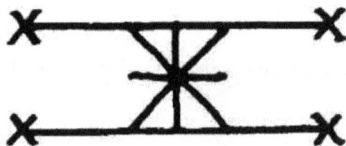

"No recomendado su uso"

Ad fá stúlku: Se lo utilizaba para hacer que una mujer se enamore y se uniera a través de la magia de este talismán. Hoy en día y como mencionamos anteriormente, se sabe que un practicante puede hacer lo que desea mágicamente mientras no intervenga con la libertad de ningún ser vivo, ya que violar las leyes de la vida, del amor o la libertad es una grave falta que causara que la misma energía se vuelva en su contra, quizás no del lado que el espera pero siempre cuando se rompe el balance natural de las cosas la misma energía busca restablecerlo pero con más fuerza, has tu voluntad sin dañar y sin afectar el albedrio de los demás.

A continuación se presentan dos maneras en que se ha grabado este talismán:

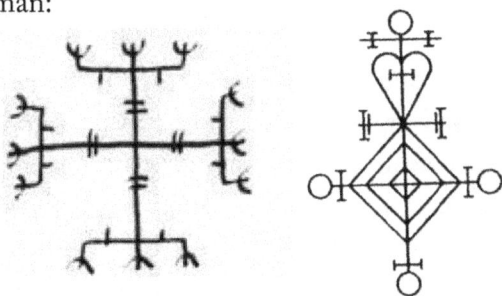

Talismanes relacionados a la fertilidad

A continuación se presentan talismanes para la fertilidad, algunos de pareja y otros que fueron usados para que las tierras se vuelvan fértiles y poder realizar una buena siembra. Es importante aclarar que estos talismanes serán más fuertes si están consagrados a la Diosa en su rol de Madre, no olvidemos que todo lo referente a nacimientos y cosechas en casi todas las culturas del mundo entero estaba asociado a deidades Femeninas, si bien existían sus consortes es poco común y más cercana a la época patriarcal la aparición de deidades masculinas en estas prácticas.

Stan-Ing: Conformado por estas dos Runas que juntas representan la invocación a la sexualidad sagrada, fortalecida por el lazo de la unión como pareja. Este talismán era usado para atraer la fertilidad a los recién unidos y se lo colocaba en la cabecera o bajo la almohada para la potencia sexual y poder concebir.

Bindrune: Gebo – Wunjo - Raidho. Se la graba para obtener felicidad y prosperidad, para que no falten las oportunidades de trabajo. También para que los proyectos laborales no se traben y siempre se encuentre la forma de continuar creciendo.

"No recomendado su uso"

Feingur: Utilizado para potenciar la fertilidad de la tierra y los embarazos.

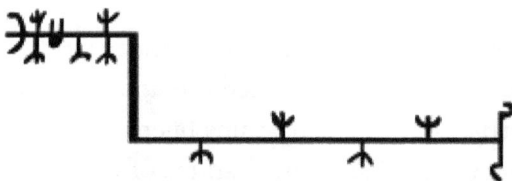

Bjargrúna: Esta es una poderosa Bindrune usada por generalmente, ya que su función es brindar protección durante el parto, está poderosamente vinculado a la Diosa en su aspecto tripe (Frigg-Freyja-Fulla).

Las parteras solían portarlo como talismán o grabarlo en las palmas de sus manos para aplicar su energía.

"No recomendado su uso"

Vitalidad y Sanación: Se lo gravaba para preservar la buena salud de quien lo porta alejando las enfermedades y manteniendo alta su fuerza vital.

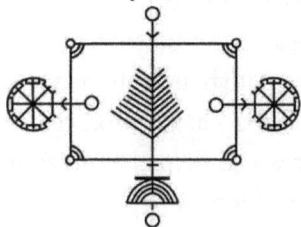

Talismanes relacionados a la abundancia

La búsqueda de abundancia y prosperidad en la confección de talismanes se remonta a los principios de estas prácticas, claro que desde el Neolítico hasta hoy han ido cambiando a la par de la evolución del concepto de la "abundancia" en la humanidad. Por lo cual antes de pensar en crear un talismán para atraer dinero, riqueza, trabajo o bienes, es importante que tengamos en cuenta que primitivamente se confeccionaron para asegurar el fruto de las cosechas y que los animales crezcan sanos para así poder garantizar la supervivencia de la tribu.

A tener en cuenta:

· Los talismanes de Abundancia no remplazan la labor en esta vida, sino que la acompañan, es decir que se los confecciona para asegurar los frutos del esfuerzo diario realizado.

- Su función es restaurar la energía nutricia de la materia.

- Estos talismanes se los suelen consagrar a la Diosa (Frigg/Freyja), esto se debe a que la energía femenina es no solo dadora de vida sino también "nutricia", por lo cual resulta apropiado a la hora de realizar nuestro ritual incorporarla en elementos que la represente, por ejemplo: en vez de hacer el bautismo con fuego, podemos hacer un pequeño agujero en la tierra, colocar en el nuestro talismán, trigo, maíz u otro fruto de la tierra representativo de la abundancia, poner nuestra intención escrita, verterle leche y luego cubrirlo con la tierra para al día siguiente desenterrarlo y comenzar a utilizarlo cargado con la energía de la Diosa Madre Tierra.

- En situaciones en que se desea realizarse en la vida, en una labor u oficio determinado, podemos crear un talismán puntualmente para que dichas oportunidades se presenten.

Bindrune   de   Riqueza: Feho   -   Gebo
Estas runas atraen las oportunidades de obtener riqueza, las causalidades necesarias para satisfacer las necesidades en equilibrio con lo que divinamente se merece. Por ende, si la mala situación es producto de algo que debemos aprender, la abundancia no entrara hasta que eso no esté resuelto o aprendido.

Trabajo y Abundancia: Este se lo utiliza cuando deseamos que la abundancia entre en nuestra vida. Representa a una persona con los brazos arqueados hacia arriba solicitando que venga lo que le hace falta y luego con los brazos hacia abajo rectos entregando lo que recibió, es decir, este amuleto trae para saciar

necesidad no para acaparar u enriquecer. Se lo porta en carteras, billeteras, etc.

Lazo de la Fortuna: Se trata de un talismán para atraer y mantener la abundancia en el hogar (se recomienda colgarlo en la cocina para que no falte el alimento) o en quien lo porta.

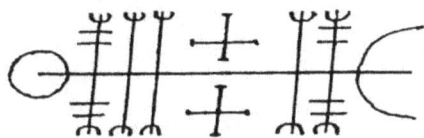

Proyectos y Profesionalismo: Este talismán comúnmente se lo graba para que los proyectos personales se concreten, para alcanzar objetivos propuestos y a su vez que dichos proyectos estén protegidos hasta ser concretados. También se lo suele utilizar en viajes relacionados a trabajo o negocios para asegurar la protección y los buenos frutos.

Éxito en negocios: Muy común en negociados para obtener el éxito que se busca de ellos, se decía que debía grabarse en un papel y colocar bajo el brazo izquierdo durante la reunión sin que nadie lo vea o sepa de él.

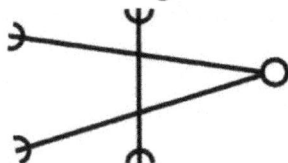

"No recomendado su uso"
Cerrar tratos: Se lo utiliza para cerrar acuerdos o tratos de negocios, aportando compromiso de las partes y asegurando que se concluya de manera satisfactoria.

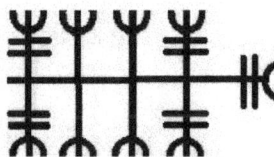

Kaupaloki: Se lo solía grabar en papel o madera a la hora de hacer un negocio para que todo salga bien y se obtenga lo que se desea. Se lo portaba durante toda la transacción sin que nadie lo vea y al finalizar se lo quemaba.

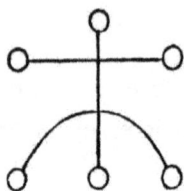

"No recomendado su uso"
Hirnghjálmur: Talismán

usado para adquirir dinero.

Talismanes relacionados a la Sanación

Esta clase de talismanes fueron utilizados en rituales de curación o para preservar la buena salud.

Es importante destacar que estos talismanes no reemplazan el tratamiento del paciente (sea medicina alopática, naturopática, holística, etc.) sino que acompañan el proceso.

En la actualidad son muy elegidos a la hora trabajar con hierbas en compresas, marcarlos en algunas de las hojas o ramas que serán usadas para fabricar tinturas madre, también se las pinta en frascos de ungüentos o pociones. Siempre buscando que estos talismanes sanadores despierte poderosamente los principios activos y energéticos de las plantas.

Para preservar la buena salud hoy en día es muy común grabarlos en trozos de maderas relacionadas a la sanación y colgarlos sobre la cama, también se suelen usar grabados en dijes o saquitos de hierbas consagrados a esta misma función.

Hammarsmark: Curación, a primera vista pareciera un árbol sanador, los árboles son capaces de auto curarse y regenerarse, posee internamente grabada la Runa Jera lo cual está buscando menguar la enfermedad, cambiar el estado y atraer la vitalidad, también no podemos dejar de notar la base del Mjöllnir en la Bindrune, que le otorga una potencia increíble. Se lo graba en las camas de los enfermos o se lo usa como dije para preservar la buena salud.

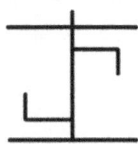

Bindrune de Curación: Compuesto por las Runas Ehlaz y Berkano, es un poderoso Bindrune de curación y sanación. Este talismán se lo coloca en la cama del enfermo para acompañar y potenciar el tratamiento.

Sanación con plantas: Esta Bindrune es muy utilizada a la hora de trabajar con hierbas desde sus cualidades mágicas, para que el potencial energético de cada planta se active con mayor fuerza y produzca el efecto deseado. Fundamentalmente es utilizado en sanación, desde una limpieza energética del cuerpo hasta para

activar los principios mágicos y sanadores de las plantas en un ungüento, tinturas, aceites, pociones, etc.

Talismanes relacionados a la Protección

La protección mágica a través de talismanes, podemos decir que se remonta a los comienzos de este arte. En la antigüedad se buscaba protegerse de maldiciones o en luchas, hoy en día esto no cambio mucho, se suelen buscar para contrarrestar envidias, mal de ojo, atracos, robos u asaltos, etc.

Algo importante a tener en cuenta es:

· Los talismanes que tradicionalmente eran utilizados en la guerra para, a través del miedo, inmovilizar al enemigo, no son recomendables para utilizarlos actualmente en el día a día, ya que no vivimos bajo las mismas condiciones.

De decidir utilizarlos en el día a día se debe recordar que "quien camina utilizando el miedo como herramienta en la vida está destinado a una vida de temor"...

· Cuando se desea crear un talismán de protección mágica es importante comprender a fondo las Runas que lo conformaran, para asegurarnos de que cumpla de manera perfecta la función deseada.

· Los talismanes de protección trabajan como ejes de energía que se vinculan a quien lo porta repeliendo aquellas energías que vibran en distinta frecuencia, es decir, si una persona que es envidiosa en la vida desea protegerse de la envidia, el talismán no funcionará adecuadamente ya que esa energía es natural en ella.

- Si portando un talismán de protección, distingues a una persona que tiene malas intenciones hacia ti, y le abres las puertas de todas formas en tu vida para darle una oportunidad, no puedes pretender que el talismán te proteja, ya que fue él quien te advirtió a través de la intuición.

- Un talismán con esta función no te protegerá de los cambios evolutivos en tu vida, a menudo suele suceder que no escuchamos los reiterados llamados de nuestro interior a un cambio, por lo cual suele ser la vida la que nos empuja (a veces de forma abrupta) al cambio.

AEgisjálmur: Protección, estos amuletos representan lo mismo y están compuestos por las mismas Runas, Ehlaz por un lado que es "la mano del mago", la Runa de protección por excelencia, haciendo referencia a que lo malo se mantenga lejos, y 3 runas Isa cruzadas en cada uno de los brazos, haciendo referencia a congelar la negatividad. Esta Runa de glifo mantiene alejadas las malas intenciones, la envidia, el mal de ojo, la negatividad en sí, se lo utiliza como colgante o también se lo pueden grabar dos iguales en piedra para poner tras la puerta de entrada (de esta forma estamos generando un arco energético que no deja entrar las malas energías a la casa).

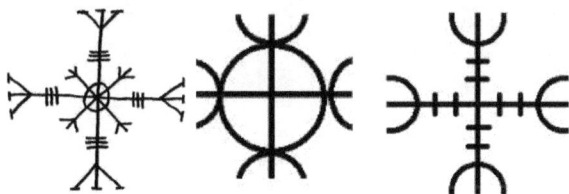

"

No recomendado su uso"

Proyectos: Para la protección y realización de un proyecto o idea, hasta ser concretadas de manera exitosa. Se lo confeccionaba antes de comenzar dicho proyecto y se lo portaba durante todo el proceso, al finalizar se lo quemaba.

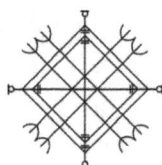

Suerte y protección: Este talismán se lo suele confeccionar para atraer la buena fortuna, la suerte en los negocios, la prosperidad, la protección desde el ámbito económico, y las proyecciones personales.

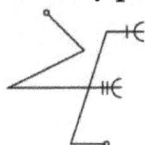

Protección: este talismán antiguamente se consideraba protector contra distintas entidades mágicas, míticas y mitológicas, como los troll o elfos oscuros.

Varnarstafur Valdemars: Era utilizado como protección, pero fundamentalmente para potenciar las
cualidades, dones y habilidades, con el fin de que
su portador adquiera mayor felicidad en su vida.

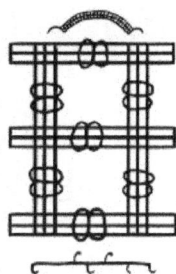

Fimafengr: Usado como talismán de protección
para su portador, además de aportar agilidad y potenciar las cualidades de quien lo usa.

Astros: Se lo solía grabar en color rojo y fue
usado como talismán de protección mágica
contra cualquier agresión.

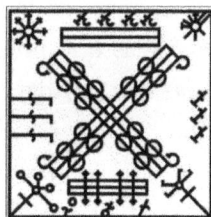

Protección contra agresores: Se lo utiliza para mantener alejados
a los enemigos, pero fundamentalmente personas
de carácter violento o conducta agresiva.

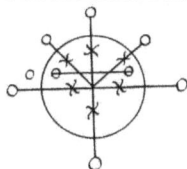

Stafur gegn galdri; Los cuatro arquetipos
elementales le brindan a su portador, protección contra cualquier otra magia hacia los
cuatro rincones del mundo.

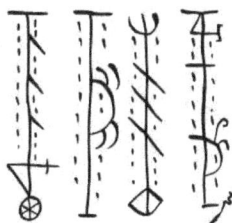

"No recomendado su uso"

Rotákross: Protección y suerte a quien lo porta.

"No recomendó su uso"

Galdrahöll: Se cree que representa la protección mágica, durante los rituales se lo grababa en el momento para la protección de los brujos en el proceso, de todas formas lo más recomendable es utilizar otro tipo de protección, ya que la falta de comprensión de lagunas de las partes de un talismán, pueden atraer o trabajar energías que no son las que conocemos y puede que perjudique más que proteger.

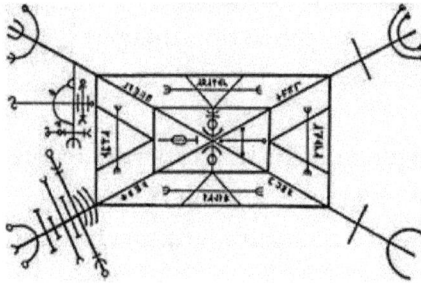

Talismanes relacionados con los Sueños

Esta clase de talismanes se los confecciona para poder tener sueños significativos y poder conectar con nuestra parte onírica, si bien en raras ocasiones se toman literales como premoniciones, normalmente al despertar se escribe en un cuaderno todo lo experimentado, ya que en cualquier detalle se puede encontrar un mensaje transmitido a través de lo simbólico.

Gand: En talismanes se lo utiliza para tener sueños colocándolo debajo de la almohada, es decir, comunicarse con el plano sutil por medio de los sueños o meditaciones. Nos ayuda a conectar con la naturaleza, nuestra energía interna y con la energía que conecta a los nueve mundos.

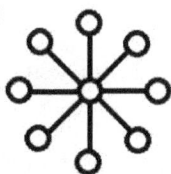

Sueños: Usado para poder tener sueños lúcidos.

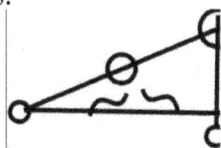

"No recomendado su uso"

Draumstafir: Tuvo que ser grabado en una placa de plata o de cuero blanco en la noche del solsticio de verano. Se utilizó para soñar con lo que el corazón deseaba verdaderamente, para poder reconocerlo y así poder perseguirlo en la vida real.

"No recomendado su uso"

JUAN MARCOS ROMERO FIORINI

Sello para sueños proféticos: Se coloca el grabado bajo la almohada para que atraiga premoniciones a través de los sueños.

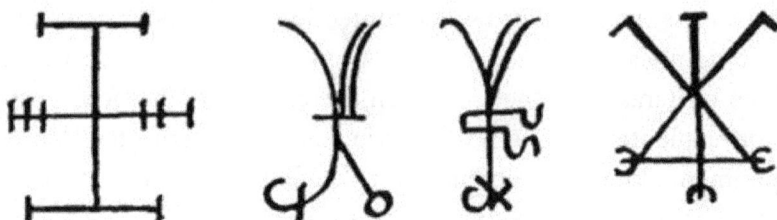

Talismanes relacionados Justicia

Justicia: Es utilizado cuando la justicia de los hombres se encuentra demorada o frenada por factores como la corrupción o la conveniencia.

Este talismán está conformado por las Runas Raidho (para que el conflicto no se estanque y se ponga en marcha), Jera (para que el proceso cíclico se desarrolle de la manera más armónica posible) y Tiwaz (para que la verdad salga a la luz y la justicia divina se haga presente, y cada parte obtenga lo que merece de manera kármica).

Juicios: Se lo grababa en madera de roble y era usado para ganar un juicio de manera justa o resolver asuntos legales.

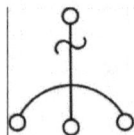

Talismanes relacionados a la Lucha

Los talismanes guerreros o de lucha fueron muy usados principalmente por el pueblo vikingo. Hoy en día no se los recomienda usar, ya que "la vida no es una guerra" y quien piense lo contrario está destinado a llevar una vida cruenta, dolorosa y repleta de insatisfacciones.

Pero, ¿Por qué la gente sigue pensando en que la vida es una lucha constante para obtener bienestar?

Esto se debe a que el sistema en el que se vive, está regido por las clases sociales y la competitividad, además de día a día generar nuevas necesidades. Si tan solo cada persona no buscara ser mejor que el que tiene al lado, si dejara de priorizar el adquirir objetos y se centrara en lo que verdaderamente necesita para realizase en su vida, al igual que si aborreciera todo aquello que atente contra la vida de otro ser y la naturaleza, desaparecerían casi todos los males que hoy aquejan al mundo...

*"Quien obtiene a través de la violencia, pronto
perderá aquello con un fin violento"*

*"Quien se prepara por si alguna vez
fuera atacado, vive con paranoia hasta
que el siniestro toque a su puerta"*

*"Quien cultiva el dialogo sincero y está
abierto siempre a buscar mediar con el otro,
jamás es alcanzado por la violencia"*

Ottastafur: Fue utilizado para infundir temor en los adversarios en batalla, actualmente se lo utiliza en la competición.

Hraethigaldur: Al igual que el talismán anterior, éste fue grabado en escudos y armas para infundir terror en los adversarios.

Illusonary: Talismán consagrado a Odín, usado normalmente por los guerreros vikingos para potenciar sus habilidades e inspirar ferocidad, como la de un oso.

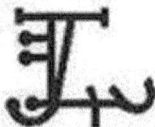

Victoria en combate: Estos 2 talismanes se grababan en el calzado con el fin de asegurar la victoria en el combate cuerpo a cuerpo, fundamentalmente si armas.

Gapaldur: Se lo colocaba bajo el talón del pie derecho.

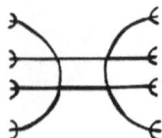

Ginfaxi: Se lo colocaba bajo los dedos del pie izquierdo.

Otra manera de grabar a Gapaldur es:

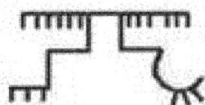

"No recomendado su uso"
Vergrdrassil: Representa el coraje, cuando un hombre o mujer debe hace realmente un acto heroico, sacrificio, revolución o cambio duro de llevar adelante, se utiliza la fuerza de este árbol talismán para adquirir ese coraje necesario.

"No recomendado su uso"
Wolfsangel: Este es un símbolo muy elegido por la tradición **Ásatrú**. Conocido como "gancho del lobo", era utilizado para despertar el frenesí en los guerreros antes de ir a la batalla. Estaba vinculado al lobo Fenris, los lobos de Odín y Freyja, en su rostro de Diosa Blanca señora de los lobos.

Bindrune para trabajo Espiritual

Estas Bindrunes fueron creadas con el fin de que el practicante pueda trabajar la parte espiritual, el auto-conocimiento, alineamiento o restauración de distintas partes del ser. Suelen ser muy utilizadas a la hora de realizar prácticas de meditación.

Feho – Uruz: Esta combinación primitiva nos ayuda a conectar con la abundancia de la tierra, no desde los capitales o la tenencia, sino con la energía creadora natural y vital. La Madre Tierra gesta abundancia cíclicamente para mantener la vida y la realización en este plano.

Gebo - Ansuz: Esta Bindrune está compuesta por las Runas Gebo y Ansuz, y la combinación es poderosamente espiritual, ya que si bien por separado ambas Runas tiene distintos sentidos, al unirse representan nuestra conexión con la energía divina y el todo. Se usa puntualmente en momentos de meditación profunda al aire libre, donde el practicante trata de concentrarse en el sonido del viento y lo que éste le susurra a través de pensamientos que poco a poco van despertando en él. También cotidianamente se lo usa para atraer respuestas que estamos buscando, sabiduría que estemos necesitando a través de las relaciones diarias con el entorno. Es muy apropiado grabarlo incluso en flautas o elementos de viento que se usan para rituales o meditación.

Raidho y Kenaz: Son una poderosa combinación para el el crecimiento hacia un nuevo camino, fomentado por un pensamiento propio y brindando fuerza de voluntad al portador, la cual hace crecer la confianza.

Ehiwaz - Jera: En un talismán estas Runas otorgan balance, equilibrio, armonía y restará el centro. Balance: En cuanto al alineamiento con el ciclo natural, entrando en su ritmo natural, ni lento ni rápido, sino caminando al paso adecuado. Equilibrio: Restaurando la centralidad del ser a su propio eje, direccionado en el verdadero camino que dicta su sentir, recorriendo así en armonía con la madre naturaleza y el todo.

Laguz-Perthro: Esta Bindrune es una poderosa combinación, le permite al portador despertar su energía femenina dormida u oculta, conectar con su intuición y dones naturales como la videncia.

Salud emocional: Talismán utilizado comúnmente para mantener la buena salud, fundamentalmente en el campo emocional, ya que se considera que lo que le pasa al cuerpo es un llamado de atención de lo que internamente nos está sucediendo, esta Bindrune está formada por las Runas Ingwaz y Laguz, las dos Runas que dentro del sistema Futhark, se presentan emparentadas como danza masculina y femenina, en este caso preserva la salud en equilibrio en ambas polaridades del ser.

Poder en balance: Esta Runa se utiliza como talismán para momentos particulares en los que necesitamos aplicar nuestras habilidades o herramientas en una determina-

da causa: mejorar la salud, reconocer nuestras habilidades, poner en marcha proyectos de manera armónica, adquirir armonía en equilibrio con la naturaleza, etc.

Ehlaz-Sowilo: Esta Bindrune se la utiliza para expresar la voluntad del ser en equilibrio. Sowilo le permite a la persona experimentar el crecimiento expansivo de su energía desde su centro, y Ehlaz le aporta una expresión armónica en su entorno, para no afectar de manera negativa a quien lo rodea ni tampoco ser afectado por nadie.

Tiwaz-Berkano: Al trabajar con ambas energías duales, masculinas y femeninas, nos permite darle forma a un proyecto o sueño que queramos llevar adelante de manera exitosa, brindando creatividad a la vez que tenacidad para llevar adelante el proceso y alcanzar lo deseado.

Perthro-Nauthiz: Se lo utiliza en momentos de ceguera, cuando sentimos que hemos perdido el rumbo o no logramos ver cuál es el verdadero camino hacia la plenitud, ayudándonos a reconocer qué cosas están de más en nuestra vida, qué preocupaciones son ajenas a nuestra realizaciones y qué cosas son las que nos acercan a ella.

Ehwaz-Mannaz: Este talismán está consagrado a la libertad del ser en su camino. Se lo graba para que la parte onírica se exprese develando el camino a cada paso, para poder realizarse de manera equilibrada para con uno mismo y con su entorno.

Talismán de los saberes: Esta Bindrune conformada por Runas como Kenaz y Perthro, entre otras ocultas como Berkano e Ingwaz, está consagrado a las cualidades del practicante, "Saber escuchar", "Saber reflexionar", "Saber aprender", "Saber callar" y "Saber Saber"… Ayuda a incorporar y potenciar estas cualidades.

Dagaz – Othala: Esta combinación se utiliza para reconocer el cuerpo mismo, como templo sagrado donde reside nuestro centro espiritual. Nos permite experimentar de manera diaria la energía universal y vital, reflejada en nuestro interior, permitiéndonos armonizarnos en este plano. Se trata de una Bindrune para enraizarnos a la energía de la tierra, y a la vez conectar con el plano superior a través de los rayos solares de manera cotidiana.

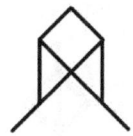

Runas del Futhork y su uso en Talismanes

Las Runas Anglosajonas son las correspondientes al sistema de 33 Runas (Futhork), el cual es poco elegido en el oráculo por los practicantes, debido a la poca información que se encuentra sobre ellas, pero muy común a la hora de tenerlas en cuenta para un talismán.

Ós: Forma de grabado de la Runa 4, equivalente a Ansuz en el Futhark germano tradicional.

Cén: Forma de grabado de la Runa 6, equivalente a Kenaz en el Futhark germano tradicional.

Haelg: Forma de grabado de la Runa 9, equivalente a Hagalaz en el Futhark germano tradicional.

Gér: Forma de grabado de la Runa 12, equivalente a Jera en el Futhark germano tradicional.

Sigel: Forma de grabado de la Runa 16, equivalente a Sowilo en el Futhark germano tradicional.

Daeg: Forma de grabado de la Runa 23, equivalente a Dagaz en el Futhark germano tradicional.

Éthel: Forma de grabado de la Runa 24, equivalente a Othala en el Futhark germano tradicional.

Ac, Runa 25: Esta Runa como talismán, proporciona las cualidades del Roble y fundamentalmente la fuerza de voluntad para el accionar, la labor de proyectos u objetivos, además de aportar una poderosa creatividad y versatilidad.

AEsc, Runa 26: La Runa del fresno en talismanes, nos permite conectar con la energía de este viejo sabio aportándonos claridad mental, conocimiento, comprensión de la naturaleza y sus ciclos y desapego del plano mundano. Es importante aclarar que es una Runa poderosamente asociada al dios Odín.

Yr, Runa 27: En talismanes se la utiliza para conexión con la esencia del ser arquetípico ancestral, y para la búsqueda de la sabiduría en nuestros orígenes primarios.

Ior, Runa 28: Como talismán se la suele utilizar de varias maneras y asociaciones, aunque la más común es para atraer las cualidades del castor, como representa la Runa, el cual hace referencia a su conexión con los elementos tierra y agua, la habilidad de supervivencia, adaptabilidad y fortaleza a través de las herramientas propias.

Éar, Runa 29: Esta Runa en talismanes, se la utiliza para transitar cambios en los que se necesita terminar con determinadas actitudes, conductas, adicciones y emociones. Es una poderosa Runa por lo cual se la debe usar con cautela, ya que suele ser muy fuerte la forma en que actúa, se trata de dar los cambios desprendiendo lo que debe morir para que entre lo nuevo, por ende hay que tener presente que esas transiciones no son fáciles y para ello se debe de contar con una gran confianza y acompañamiento, además del talismán con dicha Runa.

Kweordh, Runa 30: Esta Runa que se la ha vinculado a de los muertos, al lugar donde reposa un difunto, es usada en rituales o talismanes para consagrar un espacio o altar, pero también muchos practicantes suelen usarla para consagrar un espacio donde realizaran sus rituales de sangre, o aquellos en los que el practicante sacrifica algo de si para crecer en su camino de vida como ser evolutivo.

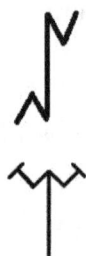

Calc, Runa 31: Esta Runa en talismanes, se la utiliza fundamentalmente para potenciar y hacer sagrada la energía de un cáliz ritual, es importante aclarar que de usarla se debe tener buen manejo del conocimiento sobre el uso de la sangre y el valor que estos pueblos antiguos le dieron. Comúnmente como talismán, esta Runa puede portarse para atraer equilibrio emocional, conectar con el elemento agua y el profundo mar de las emociones.

Stan, Runa 32: Esta Runa representa la piedra como elemento sagrado, es decir la piedra de altar, en talismanes se la utiliza para consagrar altares, espacios destinados al trabajo mágico o lugares. Los protege, purifica, los mantiene sólidos, estables y sagrados.

Gar, Runa 33: Conocida como las lanzas cruzadas, en otros casos como Excalibur, etc. Su significado igual es claro, representa el cese del conflicto en cuanto a choques, para dar paso al dialogo, a la palabra. Utilizado como talismán para alcanzar una tregua en determinadas situaciones.

Símbolos pre-Rúnicos y su uso en Talismanes

El uso del simbolismo pre-Rúnico en talismanes es poco común, ya que poca es la información que se ha encontrado acerca de ellos, la mayoría pertenecen al neolítico por lo cual sus misterios eran mayormente transmitidos de manera oral ("De boca de maestro a oído de discípulo"). Sin embargo hoy en día resulta inevitable que en algún punto de la vida del practicante, dedicado e incansable, mire hacia el simbolismo de antaño en busca de enseñanzas y aprendizajes, ya que si bien esos maestros ya no están, dejaron su legado en el simbolismo, y así como se busca comprender los incalculables misterios de los sistemas Rúnicos contemporáneos, de la misma forma y con la misma devoción se le da el lugar de estudio al simbolismo pre-Rúnico.

Crecimiento: Se la utiliza para alcanzar objetivos profesionales, también para que el camino sea fértil y los proyectos puedan crecer, al igual que las posibilidades de realización de los mismos. Está relacionado a la Diosa Madre y su abundancia sagrada.

Este símbolo pre-Rúnico está vinculado a la Runa actual Feho.

Ura: Signo pre-Rúnico de la Runa Uruz, si bien también está consagrada a las fuerzas salvajes y ancestrales de la naturaleza, a las altas montañas sagradas, posee además una fuerte conexión con la Diosa, fundamentalmente con Anna y Ura.

Thurs: Este símbolo pre Rúnico es poco utilizado dada su antigüedad, está vinculado al elemento fuego, a la fuerza de voluntad, mayormente se lo ha utilizado para potenciar el poder personal, para realizar quiebres en la vida y llevar a cabo cambios abruptos. Si bien se saben sus cualidades, se recomienda en caso de necesitar trabajar con esta energía, usar la Runa Thurisaz, ya que Thurs al ser más antigua, muchos eruditos la han encontrado de alguna manera emparentada al demonio del fuego Surt, razón por la cual no se la debe subestimar.

Eh: Como talismán se lo utiliza para conexión espiritual debido a su fuerte relación con la Runa Ehwaz. Es muy utilizado cuando se pierde el rumbo del camino, para que a través de la reflexión y la meditación, se pueda re-descubrir el rumbo que dicta el espíritu.

Madhrstá: Esta Runa como talismán representa la estrella guía de su portador, aquella que le alumbra el camino del autoconocimiento, brindándole a su vez la energía positiva suficiente para atreverse a recorrerlo.

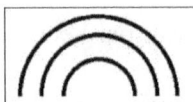

Este símbolo pre-Rúnico está vinculado a la Runa actual Mannaz y otra manera de grabado antigua fue:

Hagalaz: Forma de grabado pre-Rúnico. Esta Runa asociada al granizo en talismanes, es muy usada por el culto Odinista para trabajar con la sabiduría, la tradición, la semilla de hielo y su vínculo con los gigantes. Es importante que

para usar esta Runa con el sentido mencionado anteriormente, el practicante esté muy bien familiarizado con dicha tradición, ya que de no ser así las consecuencias podrían ser muy perjudiciales.

De necesitar trabajar con este tipo de energía evolutiva para llevar adelante algún tipo de proceso de quiebre, se recomienda utilizar su simbolismo tradicional del sistema Futhark.

Es importante mencionar que en algunos circulos de estudios, se cree que otra de las formas de grabado de esta Runa fue como se presenta a continuación (el copo de nieve).

Cruz: Este símbolo pre-Rúnico del neolítico, está asociado a la armonía y al orden elemental natural. Antiguamente vinculado al culto solar y posteriormente al culto del dios Odín. Fue usado para consagrar altares y espacios sagrados.

Una forma de grabado posterior y mas artistica que se puede apreciar en las Runestein fue:

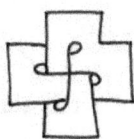

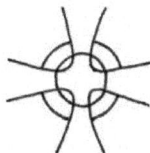

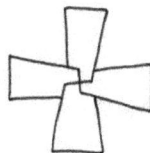

Ciclo Natural: Está vinculado a la Runa Jera y como tal representa el ciclo vital y natural. El periodo de descanso de la madre tierra (invierno) y el periodo de cosecha (verano).

Tejo: Están asociados a la Runa Ehiwaz y principalmente al árbol del tejo, el cual siempre fue considerado sagrado por distintas culturas europeas. Este árbol estaba poderosamente asociado a la vida y la muerte, a la conexión de los planos y la longevidad.

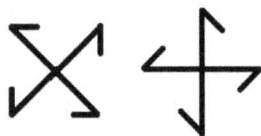

Yggdrasil: Forma de grabado representativa del gran árbol de la vida, en el cual ramas y raíces conectan los nueve mundos. Está poderosamente vinculado a la Runa Ehlaz.

Fertilidad: Formas de grabado pre-Rúnico de la actual Runa Ingwaz.

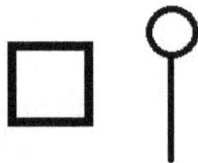

Othala: Forma de grabado pre-Rúnico.

Espiral: Los espirales son procedentes del neolítico y fueron grabados para evocar el camino evolutivo del ser. Poderosos y complejos ritos de crecimiento espiritual fueron reali-

zados con los distintos tipos de espirales (ascendentes, descendentes, dobles, etc.), dada la complejidad del tema solo haremos mención en este texto a ellos, dejando la puerta abierta a todo aquel que desee indagar en sus misterios.

Runas de otros Futhark en Talismanes

Ýr: Está consagrada y asociada al árbol Tejo, por lo que tiene una gran conexión con Yggdrasil. Esta Runa está vinculada al equilibrio entre los planos, la conexión entre ellos y por medio de este con la energía de los antepasados difuntos de un linaje. Nos permite adquirir dicha sabiduría y experiencia, además incorporando las cualidades evolutivas de este gran árbol. Para su uso debemos tener en cuenta que así como Odín colgó de él, he hizo su sacrificio, quien lo grabe también debe hacer su sacrificio, si bien siempre se recomienda el uso de la sangre propia otorgada como lo más valioso (un pinchazo en un dedo sería más que suficiente), también es sumamente importante comprender que ese sacrificio debe estar acompañado del compromiso al cambio, al camino espiritual propio, a la búsqueda del auto-conocimiento, al respeto, la valoración y cuidado de la madre naturaleza. Todas estas son fuertes maneras de ofrenda a este gran árbol y él a través del talismán, nos acercara las experiencias necesarias para crecer evolutivamente, a la vez que nos brindará su cuidado y compañía en ese proceso.

Runa procedente del Futhark Nórdico (Sg. VI).

Øs: Esta Runa de límite y negación como talismán, se la utiliza justamente como barrera definitiva para no permitir que una energía se acerque. Si bien es usada como parte de amuletos de protección, no es del todo recomendable usarla si no se conoce a fondo los misterios de esta Runa ya que podemos condicionar nuestro día a día limitándonos experiencias de crecimiento y aprendizaje.

Como recomendación, en caso de necesitar utilizar una Runa para marcar límites, se aconseja utilizar a Othala, ya que por lo general el practicante experimentado de seguro posee mayor experiencia y conexión, con Runas pertenecientes al Futhark antiguo.

Esta Runa es procedente del Futhark Nórdico (Sg. VI).

.Sowilo: Simbolismo de la Runa solar. Así como ésta se la utiliza para atraer la energía de centralidad y liderazgo, también podemos usarla en talismanes con su grabado antiguo, teniendo en cuenta que fue usada principalmente para alcanzar objetivos, concretar proyectos o dar fin a un proceso que ha quedado inconcluso.

Equivalente de la Runa el Futhark Gotico y Etrusco.

Equivalente de la Runa el Futhark Nórdico (Sg. VI).

Hagall: Su forma es asociada al copo de nieve, además de ser una figura representativa de Yggdrasil. Está asociada a la potencia mágica y la protección.

Runa procedente del Futhark Nórdico (Sg. VI).

Gibor: Esta Runa es el equivalente a Gebo del Futhark tradicional, con la diferencia que no se la suele utilizar como talismán, dado que se cree que está vinculada a Loki y la integración de la oscuridad del ser.

Runa procedente del Futhark Armanen.

Algis: Esta Runa es equivalente a Ehlaz tradicional, con la particularidad que está consagrada a Skadi/Öndurdís, representa la energía del ciervo y se la utilizaba para obtener la bendición en la cacería.

Runa procedente del Fothark *Gótico*.

Nauthiz: Esta Runa es la equivalente a Nauthiz del Futhhark tradicional, con la particularidad que hace mayor hincapié en los aprendizajes dolorosos de la vida, se la utiliza para adquirir asistencia en los procesos duros de aprendizaje, es la Runa del maestro guía en la oscuridad, el cual puede expresar su energía a través de antiguos mentores o familiares que ya no estén, etc.

Runa procedente del Futhark Noruego.

Algunos Signos Ideográficos

Los signos si bien no poseen una carga mágica igual a las Runas, contienen en su esencia una carga histórica, artística e ideográfica que nos aportan gran conocimiento acerca de la cultura, forma de vida y creencias de estos nobles pueblos.

A continuación dejaremos una breve mención de los signos más utilizados.

Irminsul: El gran pilar, representa el eje del universo que sostiene los mundos, está asociado al Yggdrasil.

Odín en Sleipnir: Representa al dios Odín cabalgando en Slepnir ("el que resbala") el corcel de 8 patas.

Corazón: Si bien este signo comúnmente se lo usa para expresar cariño, en la antigüedad representaba el útero femenino o sexualidad femenina (desde el triángulo pélvico hasta las nalgas), estaba asociado a la sexualidad, el erotismo y el amor.

"No recomendado su uso"
Nidhstang: Estaca de la venganza, era utilizado para anclar maldiciones a los enemigos. (En signos como este es importante recordar la regla de oro de la magia; "Todo lo que das, te será devuelto por tres").

Langskip: Barco largo, este signo es parte de los ritos realizados para despedir a un ser querido a la otra vida, principalmente guerreros. Es uno de los signos consagrados a la vida y la muerte.

Hugin y Munin: Los cuervos de Odín.

Yggdrasil: Otra de las formas de representar al gran árbol sagrado.

Odin: Forma de grabado de la máxima divinidad nórdica.

Runas del Futhark Joven

Entre el año 700 y el año 800 se abrió paso un nuevo sistema Rúnico de 16 caracteres, el cual es poco elegido a la hora de realizar talismanes, esto se debe a que hay que tener gran conocimiento de su composición para poder utilizarlo, por lo cual en esta entrega solo haremos mención del mismo.

Futhark Noruego

ᚠ ᚢ ᚦ ᚭ ᚱ ᚴ ᚼ ᚽ ᛁ ᛆ ᛍᛌ ᛐ ᛒ ᛘ ᛚ ᛦ

f u þ ą r k h n i a s t b m l R

Futhark Sueco-Noruego

ᚠ ᚢ ᚦ ᚨ ᚱ ᚴ · ᚼ ᚾ ᛁ ᛌ · ᛐ ᛒ ᛘ ᛚ ᛣ ,

f u th a r k   h n i a s t b m l R

Futhark Danés

ᚠ ᚢ ᚦ ᚨ ᚱ ᚴ · ᚼ ᚾ ᛁ ᛆ ᛋ · ᛏ ᛒ ᛘ ᛚ ᛦ

f u th o r k   h n i a s   t b m l R

APÉNDICE I

Uno de los métodos que se utilizaron antiguamente para ocultar Runas fue el que corresponde al Futhark moderno o joven. Para poder comprender su lenguaje debemos dividirlo en los 3 Aett correspondientes, recordando que este sistema está compuesto por 16 Runas, con lo cual el 1º Aett está compuesto por 6, el segundo de 5 y el tercero de 5 también. Si observamos la imagen veremos que cada Runa tiene asignada una "X", la cual en sus extremos superiores tiene líneas que marcan qué Runa es y a que Aett corresponde, es decir, en el margen superior derecho veremos el número de Aett de la Runa (teniendo en cuenta que a diferencia del Futhark antiguo, en esta práctica ocultista se considera al primer Aett como el tercero y al tercero como el primero, esto fue pensado con el fin de despistar a quienes intenten descifrarlo). Por otra parte en el extremo superior izquierdo de cada "X" podremos contar el número de líneas grabadas de acuerdo a su orden en el Futhark joven, como podemos ver en la imagen. Este sistema de esconder runas tenía más que nada la función de ocultar mensajes, significados de determinadas prácticas o comprensiones mágicas.

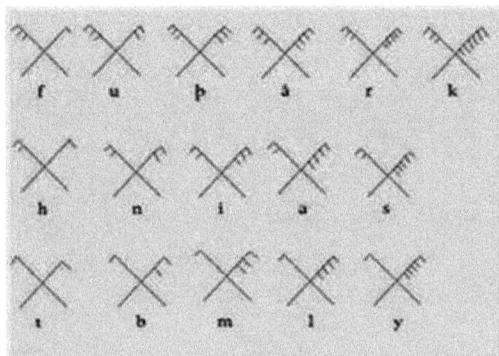

APÉNDICE II

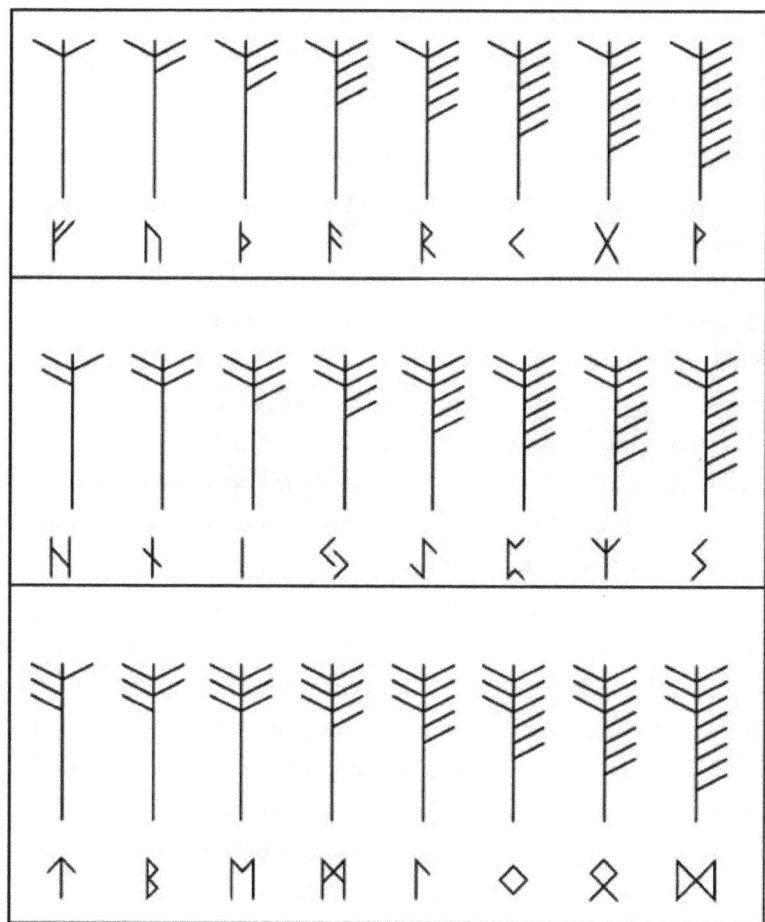

Tatuarse Runas

Tatuarse Runas no es que bloquee las energías del cuerpo, sino que cada Runa es un tipo de energía que actúa en la persona que se las graba, claro que algunas pueden generar bloqueos, pero por lo general tatuarse no es del todo recomendable "se recomienda no hacerlo más que nada porque hay que tener una gran y verdaderamente real comprensión de lo que se está haciendo, y las energías que están atrayendo a su cuerpo", dicho esto hay algunos Bindrune que la gente suele grabarse como lo es el Vegvisir, el cual actuara sobre la persona pero no de manera negativa sino que hace que encause su camino hacia su sentir pleno de realización y sin perder el norte, aun así es mejor realizar el talismán en madera y usarlo en el momento que sentimos que lo necesitamos, para aquellos que desean tatuarse Runas de todas formas, sin llevarle el apunte a lo mencionado anteriormente, les recomiendo que tengan en cuenta los siguientes puntos, los cuales, lo crean o no, deberán tener muy presentes, ya que las leyes de la magia no las hacemos o deshacemos los hombres, sino que fueron hechas en base a lo experimentado por generaciones pasadas de practicantes, las cuales si no deseamos atender, podemos ponerlas a prueba y ver qué sucede (existe libre albedrío en el hombre), pero tengamos en cuenta que las consecuencias en algunos casos pueden ser catastróficas.

De elegir tatuarse es importante tener en cuenta que:

1- Cada Runa representa un tipo de energía que se encuentra en el cuerpo, naturaleza y Universo, o sea que al grabar dicha Runa, estamos activando su energía de manera constante en el cuerpo.

2- Recuerda, lo que necesitamos y lo que creemos necesitar no siempre son la misma cosa, como tampoco jamás será una constante en la vida, el necesitar siempre de un mismo tipo de energía, ya que el Ser es cambio y transformación constante, con lo cual entiende que nada es permanente.

3- El Ser por el paso en este mundo, experimenta diferentes realidades y adquiere experiencia de distintas situaciones, el punto es que al grabar un talismán en tu piel, de una determinada energía, está haciendo que determinadas experiencias no sean vividas y no crezca en determinados aspectos según el talismán que sea.

4- Las Runas son una fuente inagotable de secretos y misterios, que poco a poco vamos experimentando y aprendiendo, por esta razón se dice que nadie es del todo un maestro, porque eso marca que ha dejado de aprender, si la persona cree que conoce en su totalidad una Runa como para tatuarla, y considera que sabe cómo actuará en todos sus sentidos, está equivocado, porque nuestra comprensión alcanza hasta donde alcanzan nuestras capacidades, si fuéramos capaces de dar un concepto cerrado sobre el comportamiento de una de estas energías, no serían un misterio simbólico sino que serían meramente un signo ("El signo es lo que se puede describir con palabras, a diferencia del símbolo que trasciende lo meramente escrito. " Dr. Carl Jung)...

Por estas razones y algunas más, no se recomienda el grabar-se Runas en la piel de manera permanente, aun así hay quienes pueden decir lo contrario del tema, dado los buenos resultados que han tenido al hacerlo, en conclusión creo que no se trata de hacerlo o no hacerlo, sino de ser plenamente consciente de cuanto abarca una decisión y la magnitud de la misma.

LIBRO EDITADO POR

EDITORIAL AUTORES DE ARGENTINA

www.ingramcontent.com/pod-product-compliance
Lightning Source LLC
LaVergne TN
LVHW091226080426
835509LV00009B/1193